INGLÊS em 5 MINUTOS DIÁRIOS

Berlitz
Falando sua língua

INGLÊS em 5 MINUTOS DIÁRIOS

Tradução

Luciana Garcia
Luiza M. A. Garcia

martins fontes
selo martins

© 2014 Martins Editora Livraria Ltda., São Paulo, para a presente edição.
© 2011 APA Publications (UK) Limited
Esta obra foi originalmente publicada em inglês
sob o título *5-Minute English* por APA Publications (UK) Limited.

Todos os direitos reservados.
Berlitz Trademark Reg. US Patent Office and other countries. Marca Registrada.
Used under license from Apa Publications (UK) Ltd.

Publisher	*Evandro Mendonça Martins Fontes*
Coordenação editorial	*Vanessa Faleck*
Produção editorial	*Heda Maria Lopes*
Projeto de capa	*Marcela Badolatto*
Projeto gráfico	*Wee Design Group*
Diagramação	*Edinei Gonçalves*
Tradução	*Luciana Garcia*
	Luiza M. A. Garcia
Preparação	*Pamela Guimarães*
Revisão	*Renata Sangeon*
	Juliana Amato Borges

1ª edição fevereiro/2014 **1ª reimpressão** dezembro/2014
Fonte Futura **Papel** Offset 90 g/m²
Impressão e acabamento Yangraf

Dados Internacionais de Catalogação na Publicação (CIP)
(Câmara Brasileira do Livro, SP, Brasil)

Inglês em 5 Minutos Diários / APA Publications (UK) Limited; traduzido por Luciana Garcia, Luiza M. A. Garcia. -- 1. ed. -- São Paulo: Martins Fontes – selo Martins, 2013. -- (Série 5 minutos diários)

Título original: 5-Minute English.
ISBN: 978-85-8063-121-0

1. Inglês – Estudo e ensino I. APA Publications. II. Série.

13-10587 	CDD-420.7

Índices para catálogo sistemático:
1. Inglês : Estudo e ensino 420.7

Nenhuma parte desta obra pode ser reproduzida, armazenada em sistema de recuperação ou transmitida de nenhuma forma ou meio eletrônico ou mecânico, inclusive por fotocópia, gravação ou outro, sem a prévia permissão por escrito de APA Publications.

Todos os direitos desta edição reservados à
Martins Editora Livraria Ltda.
Av. Dr. Arnaldo, 2076
01255-000 São Paulo SP Brasil
Tel.: (11) 3116 0000
info@emartinsfontes.com.br
www.martinsfontes-selomartins.com.br

Sumário

Como usar este livro 07
Pronúncia 08

UNIDADE 1 — Cumprimentos e apresentações

Lição 1: Hello! 09
Lição 2: Frases úteis 10
Lição 3: Palavras úteis 11
Lição 4: Gramática 12
Lição 5: Where are you from? 13
Lição 6: Palavras úteis 14
Lição 7: Frases úteis 15
Lição 8: Gramática 16
        Unidade 1 Revisão 17

UNIDADE 2 — Substantivos e números

Lição 1: A postcard 18
Lição 2: Palavras úteis 19
Lição 3: Frases úteis 20
Lição 4: Gramática 21
Lição 5: Identification 22
Lição 6: Palavras úteis 23
Lição 7: Frases úteis 24
Lição 8: Gramática 25
        Unidade 2 Revisão 26

UNIDADE 3 — Hora e data

Lição 1: What time is it? 27
Lição 2: Frases úteis 28
Lição 3: Palavras úteis 29
Lição 4: Gramática 30
Lição 5: Things to do 31
Lição 6: Palavras úteis 32
Lição 7: Frases úteis 33
Lição 8: Gramática 34
        Unidade 3 Revisão 35

UNIDADE 4 — Família

Lição 1: Family photo 36
Lição 2: Palavras úteis 37
Lição 3: Frases úteis 38
Lição 4: Gramática 39
Lição 5: Family relationships 40
Lição 6: Palavras úteis 41
Lição 7: Frases úteis 42
Lição 8: Gramática 43
        Unidade 4 Revisão 44

UNIDADE 5 — Refeições

Lição 1: I'm hungry! 45
Lição 2: Palavras úteis 46
Lição 3: Frases úteis 47
Lição 4: Gramática 48
Lição 5: At the restaurant 49
Lição 6: Palavras úteis 50
Lição 7: Frases úteis 51
Lição 8: Gramática 52
        Unidade 5 Revisão 53

UNIDADE 6 — Clima e temperatura

Lição 1: What's the weather like? 54
Lição 2: Palavras úteis 55
Lição 3: Frases úteis 56
Lição 4: Gramática 57
Lição 5: What do you do? 58
Lição 6: Frases úteis 59
Lição 7: Palavras úteis 60
Lição 8: Gramática 61
        Unidade 6 Revisão 62

Sumário

UNIDADE 7 — Compras

- Lição 1: At the department store 63
- Lição 2: Frases úteis 64
- Lição 3: Palavras úteis 65
- Lição 4: Gramática 66
- Lição 5: How will you pay? 67
- Lição 6: Frases úteis 68
- Lição 7: Palavras úteis 69
- Lição 8: Gramática 70
  - Unidade 7 Revisão 71

UNIDADE 8 — Viagens e férias

- Lição 1: Where's the station? 72
- Lição 2: Palavras úteis 73
- Lição 3: Frases úteis 74
- Lição 4: Gramática 75
- Lição 5: Traveling 76
- Lição 6: Palavras úteis 77
- Lição 7: Frases úteis 78
- Lição 8: Gramática 79
  - Unidade 8 Revisão 80

UNIDADE 9 — Profissões

- Lição 1: Job interview 81
- Lição 2: Palavras úteis 82
- Lição 3: Frases úteis 83
- Lição 4: Gramática 84
- Lição 5: Job hunting 85
- Lição 6: Palavras úteis 86
- Lição 7: Frases úteis 87
- Lição 8: Gramática 88
  - Unidade 9 Revisão 89

UNIDADE 10 — Em casa/Saindo para passear

- Lição 1: Help me, please! 90
- Lição 2: Palavras úteis 91
- Lição 3: Frases úteis 92
- Lição 4: Gramática 93
- Lição 5: Where did you go? 94
- Lição 6: Palavras úteis 95
- Lição 7: Frases úteis 96
- Lição 8: Gramática 97
  - Unidade 10 Revisão 98

UNIDADE 11 — Corpo e saúde

- Lição 1: I'm sick! 99
- Lição 2: Palavras úteis 100
- Lição 3: Frases úteis 101
- Lição 4: Gramática 102
- Lição 5: Medicine 103
- Lição 6: Palavras úteis 104
- Lição 7: Frases úteis 105
- Lição 8: Gramática 106
  - Unidade 11 Revisão 107

Glossário Inglês-Português 108
Resumo gramatical 118
Verbos irregulares 120
Respostas das atividades 124

Como usar este livro

Ao usar *Inglês em 5 minutos diários*, em pouco tempo você poderá começar a falar inglês. O programa *Inglês em 5 minutos diários* apresenta um novo idioma e capacita o estudante a falar imediatamente. Reserve alguns minutos antes ou depois do trabalho, à noite, antes de dormir, ou em qualquer horário que lhe pareça adequado para manter a disciplina de uma aula diária. Se quiser, você pode até mesmo avançar e praticar duas aulas por dia. Divirta-se enquanto estiver aprendendo: você falará inglês antes do que imagina.

- O livro está dividido em 88 lições, mais uma seção de revisão ao final de cada unidade. Cada lição oferece a oportunidade de um aprendizado prático que pode ser concluído em poucos minutos.
- Cada unidade possui 8 lições, que apresentam vocabulário-chave, frases e outras informações necessárias à prática cotidiana do idioma.
- Uma revisão ao final de cada unidade proporciona a oportunidade de testar o seu conhecimento antes de prosseguir.

Hello!
- Por meio da linguagem e da atividade cotidianas, são apresentados o vocabulário, as frases e a gramática abordados nas lições. Você verá diálogos, cartões-postais, e-mails e outros tipos comuns de correspondência em inglês.
- Você poderá ouvir os diálogos, os artigos, os e-mails e outros textos no CD de áudio que acompanha este livro.

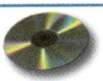

Áudio – Inglês em 5 minutos diários

Ao ver este ícone, você saberá que deve ouvir a faixa indicada do CD de áudio de *Inglês em 5 minutos diários*.

Frases úteis
- Nestas lições, você encontrará frases úteis para as conversas do dia a dia. Você poderá ouvi-las no programa de áudio.
- As "Frases extras" enriquecerão o seu conhecimento e entendimento do inglês cotidiano. Embora elas não sejam praticadas nas atividades, estão presentes para quem quiser aprendê-las.

Palavras úteis
- As "Palavras essenciais" trazem o vocabulário relacionado ao tema da aula. Em algumas aulas, essas palavras são divididas em subcategorias. Você poderá ouvi-las em nosso programa de áudio.
- As "Palavras extras" complementam o vocabulário.

DICA

Estes boxes estão presentes para expandir seu conhecimento do inglês. Você encontrará diferenças no inglês falado em cada país, convenções extras do idioma e outras informações úteis sobre como falar cada vez melhor.

Gramática
- Não se assuste. A gramática abrange as partes básicas do discurso que você precisará conhecer para falar inglês de maneira fácil e fluente.
- Do emprego de verbos à formulação de perguntas, o programa *Inglês em 5 minutos diários* proporciona explicações e exemplos rápidos e fáceis sobre como utilizar essas estruturas.

DICA CULTURAL

Estes boxes apresentam informações culturais úteis sobre países de língua inglesa.

Unidade | Revisão Aqui você terá a chance de praticar o que aprendeu.

Desafio
Amplie ainda mais seu conhecimento com uma atividade desafiadora.

DICA DE PRONÚNCIA

Estes boxes ensinam ferramentas específicas de pronúncia.

Atividade na internet
- Acessando o site **www.berlitzpublishing.com**, você poderá testar suas habilidades no novo idioma. Basta procurar o ícone do computador.

Pronúncia

Esta seção foi desenvolvida para que você se familiarize com os sons do inglês. Para isso, foi usada uma descrição fonética bastante simplificada, que parte de exemplos dos sons de nossa língua. No entanto, nem sempre há equivalentes no português. Nesses casos, os exemplos aproximados apresentados aqui e principalmente o uso frequente do CD de áudio que acompanha este volume poderão auxiliá-lo a chegar a uma pronúncia eficaz para a comunicação.

É importante observar que existem algumas diferenças de pronúncia nos países em que o inglês é o idioma oficial e até mesmo em regiões diferentes de um único país. Por se tratar de um guia simplificado, essas diferenças não serão abordadas aqui.

Consoantes

As letras **b**, **d**, **f**, **l**, **m**, **n**, **p**, **s**, **t**, **v** e **z** têm, em inglês, relativamente a mesma correspondência da grafia e do som da língua portuguesa.

c	**c**andle, **c**an	semelhante ao som da letra **k**, como em **c**aneta
ch	**ch**ip, **ch**eap	semelhante ao som **tch**, como em **tch**au
g	a**g**e, lar**g**e	semelhante ao som **dj**, como em **j**eans
	gas, **g**o	semelhante ao som de **g**ato
	to**g**ether	semelhante ao som de **gu**, como em **gu**erra
h	**h**at, **h**ow	som aspirado (próximo ao **r** inicial em português) (o **h** pode ser mudo, como em **h**our, **h**onour, **h**onest)
ng	ri**ng**, booki**ng**	**n** alongado, mas o **g** não é integralmente pronunciado
qu	**qu**een	semelhante ao som de **kw**, como em **qu**ase
r	**r**ich	semelhante ao som de "r caipira", como em po**r**ta
s	fu**s**ion, u**s**ual	semelhante ao som de **j**, como em **j**ovem
sh	**sh**ort	semelhante ao som de **ch/x**, como em **ch**egar, ta**x**a
th	**th**ing, too**th**	semelhante a um **s**, pronunciando-se com a língua entre os dentes frontais; não tem equivalente exato em português
	mo**th**er, fa**th**er, **th**e	semelhante ao som da letra **d**, pronunciado com a língua de encontro aos dentes superiores; não tem equivalente exato em português
t	**t**eacher, **d**eep	não se pronuncia como **tchi** nem **dji**, mas como o **t** de **t**elhado e o **d** de **d**edo
x	bo**x**, fo**x**	semelhante ao som de **ks**, como em Ale**x**
	e**x**ample	semelhante ao som de **kz**
w	**w**ar, windo**w**	aproxima-se do som de **u**
y	**y**es, **y**ou	aproxima-se do som de **i**

Vogais e ditongos

f**a**ther	semelhante ao **a** na palavra c**a**rro
bl**a**ck	som intermediário entre **a** e **é**
c**a**ll	som semelhante ao nosso **ó**
p**ai**r	semelhante ao som do **e** da palavra p**e**rto, seguido de um **a**
b**e**d	som semelhante ao nosso **é**
child**r**en	semelhante ao **e** da palavra p**e**ra; ocorre, em geral, em sílabas átonas
pl**ay**, d**ay**	som de **ei**, semelhante à palavra l**ei**
s**ee**, t**ea**	som semelhante ao nosso **i**, mas mais longo
b**i**t	semelhante ao nosso **i** átono, como na palavra fác**i**l
b**ea**t	mais forte e prolongado que o anterior
f**i**ve, h**i**gh	som semelhante a **ai**, como em p**ai**
d**o**g	som semelhante ao nosso **ó**
b**oy**	semelhante à palavra d**ói**
g**o**ld	som semelhante ao nosso **ô**
c**ow**, h**ow**	semelhante ao som **au**, como em m**au**
c**o**ld, h**o**me	semelhante ao som de **ou**, como em v**ou**
b**u**t	som semelhante ao nosso **a** de h**o**ra (pronunciado com a boca semiaberta)
b**u**s	som semelhante ao nosso **ã**
bl**ue**, y**ou**	som semelhante ao **u** longo, como em az**u**l

Unidade 1 — Cumprimentos e apresentações

Nesta unidade você aprenderá:
- cumprimentos.
- a dizer o seu nome e de onde você é.
- os pronomes pessoais e o verbo *to be*.
- a conversar sobre nacionalidades e países.

LIÇÃO 1 — Hello!

Diálogo

Lisa encontra seu novo vizinho, Jake. Ouça a conversa deles.

Lisa Good morning! My name is Lisa. What's your name?

Jake My name's Jake. Nice to meet you.

Lisa I'm from England. Where are you from?

Jake I'm from the United States.

Lisa I'm sorry, I have to go. Goodbye.

Jake Me too. Bye!

DICA

Repare nas formas *'m* e *'s* presentes no diálogo. Trata-se de formas contraídas do verbo *to be*, reduzidas e anexadas a pronomes pessoais: *I'm* (no lugar de *I am*), *My name's Lisa* (no lugar de *My name is Lisa*).

Atividade A

Circle **V** para verdadeiro e **F** para falso.

1. Esse encontro acontece durante o dia. **(V)** / F
2. Jake está feliz em conhecer Lisa. V / F
3. Lisa é do Canadá. V / F
4. Jake é dos Estados Unidos. V / F

Atividade B

Complete a conversa. Use frases e perguntas do diálogo.

- My name is Lisa. _What's your name?_
- My name's Jake. _____? 
- I'm from England. _____?
- I'm from _____. 

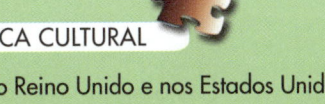

DICA CULTURAL

No Reino Unido e nos Estados Unidos, as pessoas geralmente apertam as mãos no primeiro encontro. Elas raramente se cumprimentam com beijos nessa ocasião. É mais comum demonstrarem que estão felizes em conhecer novas pessoas por meio de expressões faciais do que por gestos. Os norte-americanos frequentemente cumprimentam uns aos outros com um sorriso, mesmo que não se conheçam.

LIÇÃO 2
Frases úteis

DICA

Em inglês, as pessoas se cumprimentam de modos diferentes ao longo do dia: *Good morning* de manhã, *Good afternoon* à tarde, *Good evening* no final do dia e *Good night* à noite. *Good night* é usado apenas quando as pessoas vão embora. Os outros cumprimentos são usados quando as pessoas chegam.

Frases essenciais

Hello!/Hi!
Goodbye!/Bye!
Good morning.
Good afternoon.
Good evening.
Good night.
I am…/I'm…
It is…/It's…
What is/What's your name?
Where are you from?
Nice to meet you.
I'm sorry.
I have to go.
Me too.

DICA

Boa notícia: o inglês é mais fácil do que alguns outros idiomas! Na verdade, não há maneira formal ou informal de se dirigir a alguém. Pode-se usar *you* para uma ou mais pessoas em todas as situações.

Atividade A
O que você diz quando quer…

1. cumprimentar alguém?
   Hello! / Hi!

2. perguntar o nome de alguém?
   _____

3. perguntar a uma pessoa de onde ela é?
   _____

4. despedir-se de alguém?
   _____

5. dizer que precisa ir embora?
   _____

Atividade B
Escreva o cumprimento adequado para cada imagem. Escolha entre *Good morning*, *Good afternoon* ou *Good night*.

1 _____

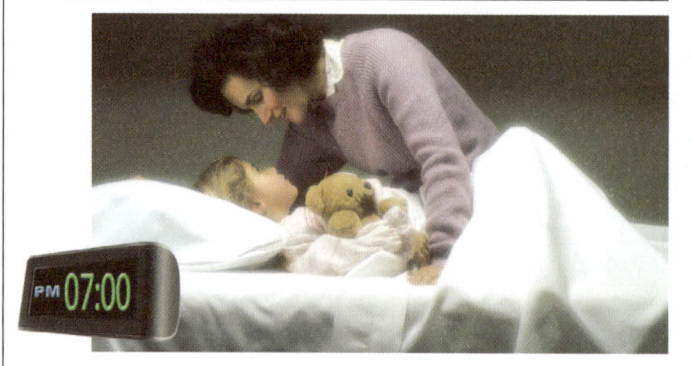

2 _____

3 _____

10 Unidade 1 Cumprimentos e apresentações

LIÇÃO 3
Palavras úteis

DICAS
- Em inglês, não se coloca *the* na frente dos nomes dos países, a menos que sejam parte de um grupo de muitos territórios ou estados, como *the United States* ou *the United Kingdom*.
- Para ajudar a memorizar os nomes dos países em inglês, crie cartões didáticos contendo a bandeira em um dos lados e o nome do país no verso. Diga os nomes em voz alta regularmente.
- Consulte as páginas 115 e 116 para verificar a lista de países e nacionalidades.

Palavras essenciais

- Australia 
- Canada 
- England 
- France 
- Germany 
- Ireland 
- New Zealand 
- Spain 
- The United Kingdom 
- The United States

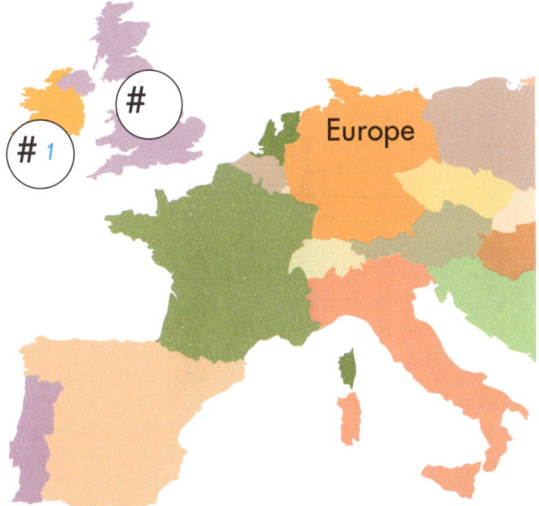

Atividade A
Escreva o número de cada país no mapa.

1. Ireland
2. The United Kingdom
3. The United States
4. Canada

Atividade B
Relacione o nome do país à sua bandeira.

1. Canada
2. Ireland
3. Australia
4. The United Kingdom

Cumprimentos e apresentações — Unidade 1

LIÇÃO 4
Gramática

DICAS
- O pronome pessoal singular *it* pode se referir a um objeto ou a um animal. No caso de bichos de estimação, *he* ou *she* é usado no lugar de *it*.
- O pronome pessoal plural *they* refere-se a um grupo de homens e/ou mulheres (e/ou objetos ou animais). *They* não é masculino nem feminino.

Pronomes pessoais

I
you (sing.)
he (m.)/she (f.)/it (objects and animals)
we
you (pl.)
they (m./f. pl.)

Abreviações

British English	(Brit.)	American English	(Am.)
masculine	(m.)	feminine	(f.)
singular	(sing.)	plural	(pl.)

Atividade A
Indique o pronome pessoal singular para cada imagem.

1 _____*I*_____    2 _____

3 _____   4 _____

Atividade B
Indique o pronome pessoal plural para cada imagem.

1 _____*they*_____   2 _____

3 _____

Atividade C
Que pronome pessoal você usa para falar de...

1 si mesmo? _____*I*_____
2 uma mulher? _____
3 um homem? _____
4 um grupo de mulheres? _____
5 um grupo de pessoas? _____

LIÇÃO 5

Where are you from?

Language and Nacionality

English is the first language or one of the official languages in more than 70 countries. It is the first language in Australia, Jamaica, New Zealand, the United Kingdom and the United States, for example. It is an official language in Cameroon, Canada, Ghana, India, Ireland, Kenya, Hong Kong, Nigeria, Pakistan, the Philippines, South Africa, Uganda and lots more. People often speak English in Bahrain, Israel, Malaysia and the United Arab Emirates. Globally, one out of four people speaks at least a little English. It is also the main language for airports and air-traffic control, sports, international business and academic conferences, science, diplomacy, pop music and international competitions!

Country	Nationality	Language
the United Kingdom	British	English
England	English	English
Ireland	Irish	English
the United States	American	English
Canada	Canadian	English
Australia	Australian	English

Países de língua inglesa

Leia e ouça o artigo sobre países de língua inglesa. Não se preocupe se não entendê-lo imediatamente; tente compreender o significado geral do texto. Sublinhe as palavras que você não entender e procure o significado delas em português.

Atividade A

Complete o quadro abaixo com exemplos do artigo.

País	The United States	The United Kingdom
Idioma		
Nacionalidade		

Atividade B

Leia o artigo novamente. Circule a resposta correta.

1. O inglês é a língua oficial em mais de 70…
   - **a countries** (circled)
   - b populations

2. Na Jamaica, as pessoas falam…
   - a English
   - b Jamaican

3. Uma em cada quatro pessoas no mundo tem algum conhecimento de…
   - a American
   - b English

4. O inglês é a linguagem da…
   - a diplomatics
   - b diplomacy

DICA

Em inglês, as palavras que se referem a nacionalidades e a idiomas começam com letra maiúscula.

I'm English. She's Canadian. She speaks French.

Cumprimentos e apresentações — Unidade 1

LIÇÃO 6
Palavras úteis

Palavras essenciais

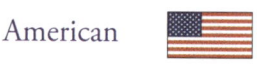

American	Indian 
Brazilian	 Italian 
Chinese	 Korean 
Colombian	 Mexican 
English	 Spanish 
Filipino	 Vietnamese 

Atividade A
Indique a nacionalidade de cada bandeira.

1. This is a __Canadian__ flag.
   Canadian/Chinese

2. This is a _____ flag.
   Korean/Mexican

3. This is an _____ flag.
   Indian/English

4. This is a _____ flag.
   Filipino/Vietnamese

Atividade B
Indique a nacionalidade de cada prato. Use o vocabulário abaixo.

> English   Spanish   American
> French   Italian

1. __Spanish__

2. _____

3. _____

4. _____

5. _____

DICAS

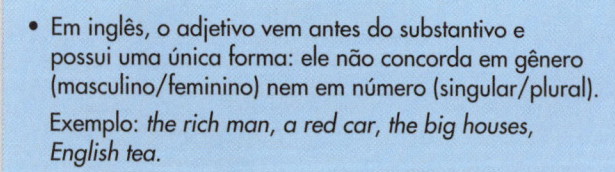

- Em inglês, o adjetivo vem antes do substantivo e possui uma única forma: ele não concorda em gênero (masculino/feminino) nem em número (singular/plural).
  Exemplo: *the rich man, a red car, the big houses, English tea.*

- As palavras que indicam nacionalidade não variam em gênero. Exemplo: *He is Australian. She is Australian.*

Unidade 1 — Cumprimentos e apresentações

LIÇÃO 7

Frases úteis

DICAS

- Em inglês, costuma-se usar o mesmo termo para as nacionalidades e seus idiomas. Por exemplo: *Spanish people speak Spanish*, e *Vietnamese people speak Vietnamese*.
- Não se esqueça de que, nos Estados Unidos, as pessoas falam inglês (*English*), e não americano (*American*). *I'm American and I speak English*.

Frases essenciais

Are you American?
Are you English?
I'm Canadian.
Do you speak English?
I speak a little.
I'm not very good./I don't speak it well.

Atividade A

O que você diz quando quer...

1. dizer que você é da França?
   I'm French.

2. perguntar a alguém se é inglês?
   _____

3. dizer que não fala inglês muito bem?
   _____

4. dizer que fala muito pouco inglês?
   _____

Sua vez

Imagine que você está em uma viagem para o Reino Unido e conhece uma pessoa. Escreva um diálogo com as palavras e frases desta aula. Pergunte à pessoa sobre a nacionalidade dela e que língua ela fala. Escreva suas perguntas na coluna "You" e as respostas na coluna classificada como "A British Person".

You	A British Person
Question 1:	Answer 1:
Question 2:	Answer 2:

DICA CULTURAL

How are you doing? As pessoas costumam se cumprimentar com essa frase nos Estados Unidos. A resposta geralmente é: "*I'm fine. And you?*". Ela é usada para começar uma conversa. Experimente!

DICAS CULTURAIS

- O Reino Unido inclui a Grã-Bretanha (Inglaterra, Escócia e País de Gales) e a Irlanda do Norte.
- Os Estados Unidos são um país constituído pela imigração. Ele foi criado a partir da chegada de vários imigrantes que buscavam um novo mundo. Muitos norte-americanos acrescentam outro adjetivo de nacionalidade antes de "*American*" para indicar sua origem nacional: *Mexican-American, Chinese-American, Italian-American* etc.

Cumprimentos e apresentações — Unidade 1

LIÇÃO 8
Gramática

O verbo *to be*

Usa-se o verbo *to be* para:

- apresentar-se ou apresentar outra pessoa
- dizer de onde as pessoas são

Singular

I   am (I'm)
you   are (you're)
he/she   is (he's/she's)
it   is (it's)

Exemplos
I'm Lisa.
He's Jake.

Atividade A
Complete as frases com a forma singular correta do verbo *to be*.

1. I ___am___ from England.
2. He _____ Colombian.
3. You _____ Korean.
4. She _____ from Brazil.

Plural

we   are (we're)
you   are (you're)
they   are (they're)

Exemplos
We're from Ecuador.
They're Irish.

Atividade B
Complete as frases com a forma correta de plural do verbo *to be*.

1. You ___are___ American.
2. We _____ from India.
3. They _____ French.
4. Mei and Li _____ from China.

> **DICA**
>
> Para fazer uma pergunta com *be*, posicione *am*, *are* ou *is* antes do sujeito:
>
> He is a student. → *Is he a student?*
> I am from Ireland. → *Am I from Ireland?*
> They are Filipino. → *Are they Filipino?*

Atividade C
Jane, Raphaël e Paloma se encontram. Complete a conversa deles com as formas corretas do verbo *to be*. Acrescente pronomes onde for necessário.

Raphaël (para Jane) Where ___are___ you from?

Jane (para Raphaël e Paloma) _____ from England. _____ you Spanish?

Raphaël _____ French and Paloma _____ Mexican.

16 Unidade 1 Cumprimentos e apresentações

Unidade 1 — Revisão

Atividade A
Complete o quadro abaixo.

Name	Country	Nationality
Pierre	France	French
Cassandra		Canadian
Brian	the United States	
Katie		English
Paloma	Spain	

Atividade B
Use o verbo *to be* para escrever uma frase explicando de onde cada pessoa é.

1. Laura, England: _____ Laura is English. _____
2. Carlos and Marta, Colombia: _____
3. Manmohan, India: _____
4. you, Canada: _____
5. Terre, Australia: _____

Atividade C
Javier está visitando os Estados Unidos. Complete a conversa entre ele e um guia turístico.

Guide ___Hello___! Welcome to the United States!
Javier Hello! _____ Javier. _____ your name?
Guide _____ Joe. Nice to meet you.
Javier Nice to meet you too. _____ you American?
Guide Yes. _____ from?
Javier _____ from Mexico. _____ speak Spanish?
Guide A little.
Javier I'm sorry, my English _____ not very good.
Guide No, your English _____ very good!

Atividade D
Encontre os nomes de países e nacionalidades no caça-palavras abaixo. Preste atenção: elas podem estar escritas na horizontal, na vertical ou na diagonal.

Australia Canada India Ireland
Korea Spain USA

```
V K C X U P I N D I A D C N M K
K R U S A Y J S J Y B V A G L R
O O A I X X B P B A Y M N R I J
R S A U S T R A L I A N A Q C E
E R M V G W Q I W E J T D A F Z
A X Z V G N D N I R E L A N D F
P D V S U Q K M E X S P M Z Z W
G E A Y A D B L S F Q Z U Z W O
```

Desafio
Você sabe quais palavras inglesas referem-se a uma pessoa da América do Norte e da América do Sul? Escreva-as abaixo.

Da América do Norte _____
Da América do Sul _____

Atividade E
Identifique o erro em cada frase. Escreva a seguir a frase corrigida.

1. Hello! My name Laura.
   Hello! My name is Laura.
2. We are of Canada. _____
3. John is from England. He is American. _____
4. Mei is China. _____
5. I speak England. _____
6. We is from the Philippines. _____

Atividade na internet
Quer aprender alguns nomes de origem inglesa? Acesse **www.berlitzpublishing.com** para encontrar um site com nomes de origem inglesa. Tente pronunciar alguns nomes. Em seguida, tente usá-los na frase *My name's... .*

Unidade 2 — Substantivos e números

Nesta unidade você aprenderá:
- a identificar pessoas, animais, coisas e os números de 1 a 30.
- o artigo definido (*the*) e o artigo indefinido (*a* e *an*).
- o Presente Simples (*Simple Present*) e o Presente Progressivo (*Present Progressive*).
- a preencher um formulário sobre si mesmo.
- a pedir informações pessoais a respeito de outra pessoa.

LIÇÃO 1 — A postcard

Um cartão-postal de Nova York

Leia o cartão-postal enviado por Julien à sua amiga Anne. Em seguida, circule as palavras que indicam pessoas, coisas ou animais.

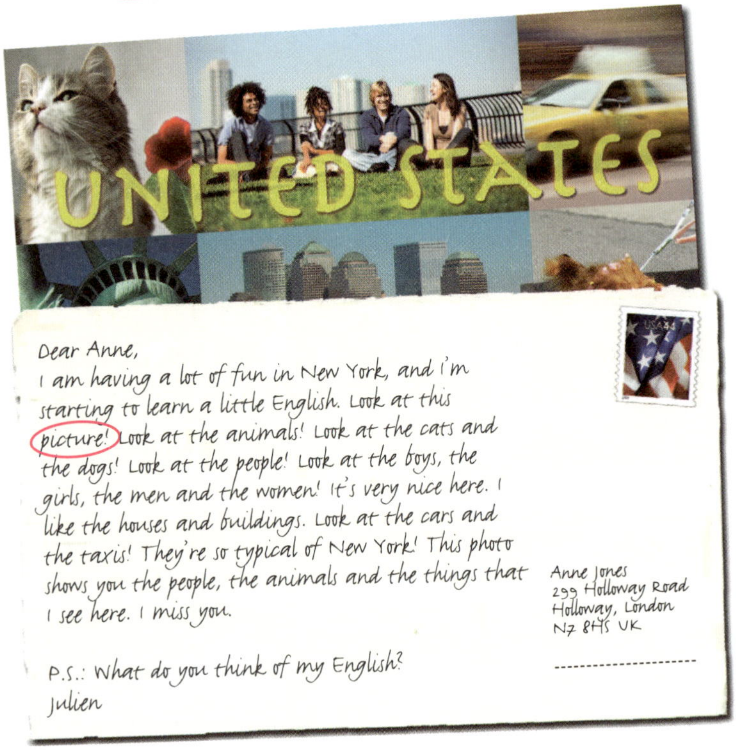

> Dear Anne,
> I am having a lot of fun in New York, and I'm starting to learn a little English. Look at this (picture)! Look at the animals! Look at the cats and the dogs! Look at the people! Look at the boys, the girls, the men and the women! It's very nice here. I like the houses and buildings. Look at the cars and the taxis! They're so typical of New York! This photo shows you the people, the animals and the things that I see here. I miss you.
>
> P.S.: What do you think of my English?
> Julien

Anne Jones
299 Holloway Road
Holloway, London
N7 8HS UK

Atividade A
Circule **V** para verdadeiro e **F** para falso.

1. Julien está passando as férias na Grã-Bretanha. V / **F**
2. O cartão-postal de Julien descreve montanhas e rios. V / F
3. Julien gosta das casas e dos prédios que vê. V / F
4. O cartão-postal descreve coisas típicas norte-americanas. V / F

Atividade B
Observe o cartão-postal. Escreva as palavras em inglês que se referem a...

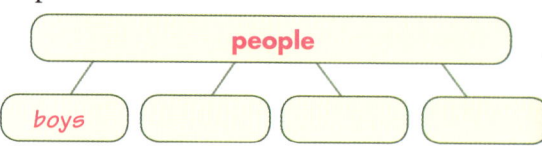

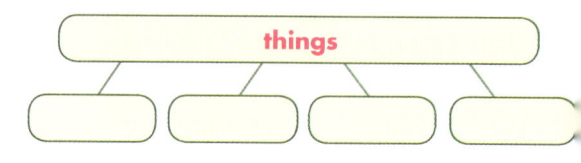

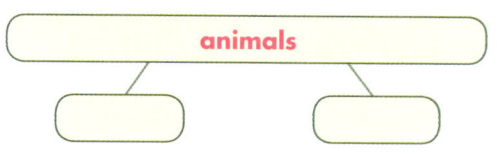

1. pessoas.
   - people
   - boys

2. coisas.
   - things

3. animais.
   - animals

Sua vez
Se você conhece outras palavras em inglês referentes a pessoas, animais e coisas, acrescente-as nos espaços acima.

DICA
A maioria das palavras em inglês termina em –s quando elas estão no plural.

animal/animals
boy/boys
building/buildings
car/cars
girl/girls
house/houses
taxi/taxis

LIÇÃO 2
Palavras úteis

DICA

The é o artigo definido utilizado tanto para substantivos no singular quanto no plural, e *a/an* são artigos indefinidos para substantivos no singular. *Some* é o artigo indefinido para substantivos no plural. O artigo indefinido *a* vem antes de palavras iniciadas por consoantes. *An* vem antes de palavras iniciadas por vogais ou "h" não pronunciável, como *an hour*.

Palavras essenciais

a girl — a boy  — a man  — a woman

a bird  — a cat  — a dog

a bus  — a car

a street  — a house  — a building

Atividade A
Escreva a palavra em inglês para cada item nas imagens.

1.
- a: *a girl*
- b:
- c:
- d:

2.
- a:
- b:
- c:
- d:
- e:
- f:
- g:
- h:

Atividade B
Escreva o artigo definido correto para cada palavra.

1. __a__ dog
2. ____ boy
3. ____ girl
4. ____ orange
5. ____ animal
6. ____ house
7. ____ American
8. ____ building

DICA CULTURAL

No inglês britânico, um ônibus local ou urbano é *bus*, mas um ônibus para percursos longos é *coach*. Nos Estados Unidos, as pessoas dirigem em estradas chamadas *parkways* e estacionam em casa no *driveway*.

Substantivos e números — Unidade 2

LIÇÃO 3
Frases úteis

DICA

Em inglês, quando não há nenhuma pessoa, animal ou coisa antes de um verbo, o sujeito oculto é *you*.

(You) Look at the animals! (You) Look at me!

Frases essenciais

Look at the animals!
Look at the people!
I miss you.

Atividade A

Mary está passeando com James. Enquanto eles andam, ela mostra a ele pessoas e animais. Escreva uma frase em cada balão de diálogo para indicar o que Mary mostra a James.

1 _____

2 _____

Atividade B

Preencha os espaços em branco para ajudar Blanca a escrever um cartão-postal de Nova York para Marta.

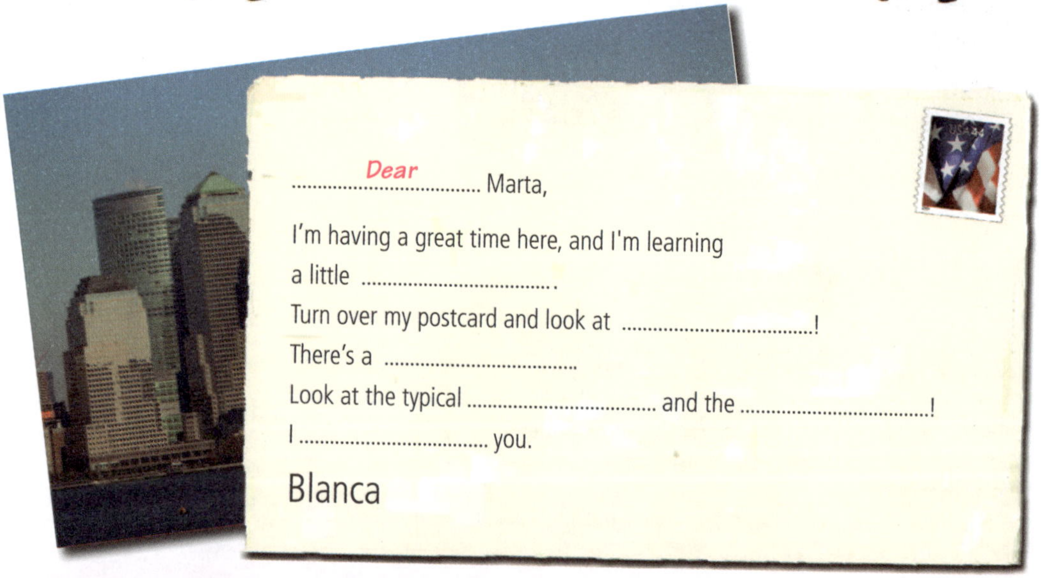

........*Dear*.................. Marta,

I'm having a great time here, and I'm learning a little ....
Turn over my postcard and look at ....!
There's a ....
Look at the typical .... and the ....!
I .... you.

Blanca

Unidade 2 — Substantivos e números

LIÇÃO 4
Gramática

Substantivos singular e plural

Para formar o plural de um substantivo em inglês, acrescente um –s na maioria dos casos: *house/houses, car/cars, toy/toys.*

Algumas exceções:

- se uma palavra termina em –x ou –ch, acrescente –es: *box/boxes, watch/watches.*
- se uma palavra termina em uma consoante + –y, substitua –y por –ies: *baby/babies, cherry/cherries.*
- se uma palavra termina em –fe ou –lf, a terminação de seu plural é –ves: *knife/knives, life/lives, shelf/shelves.*
- algumas palavras são irregulares e não seguem as regras típicas: *man/men, woman/women, person/people, child/children, mouse/mice.*
- alguns substantivos não podem ter plural: *luggage, information.*

DICA
O artigo definido em inglês é *the*. Ele é usado para se referir a um objeto ou a objetos em particular. *(Look at the people in the postcard!).* Para generalização, *the* não é usado.

Italian food is delicious.
Cars are very practical.

DICA
Use a conjunção *and* antes do último item de uma lista:

I speak French, English and Spanish.

Atividade A
Escreva a forma plural das palavras a seguir.

1  man _____men_____

2  woman _____

3  child _____

4  house _____

Atividade B
Acrescente *the* onde for necessário nas frases a seguir.

1 Look at ____the____ cars.
2 _____ Americans speak English.
3 _____ man is American.
4 _____ girls are from Canada.
5 Look at _____ boy!
6 _____ Japanese cars are made in Japan.

Substantivos e números   Unidade 2   21

LIÇÃO 5
Identification

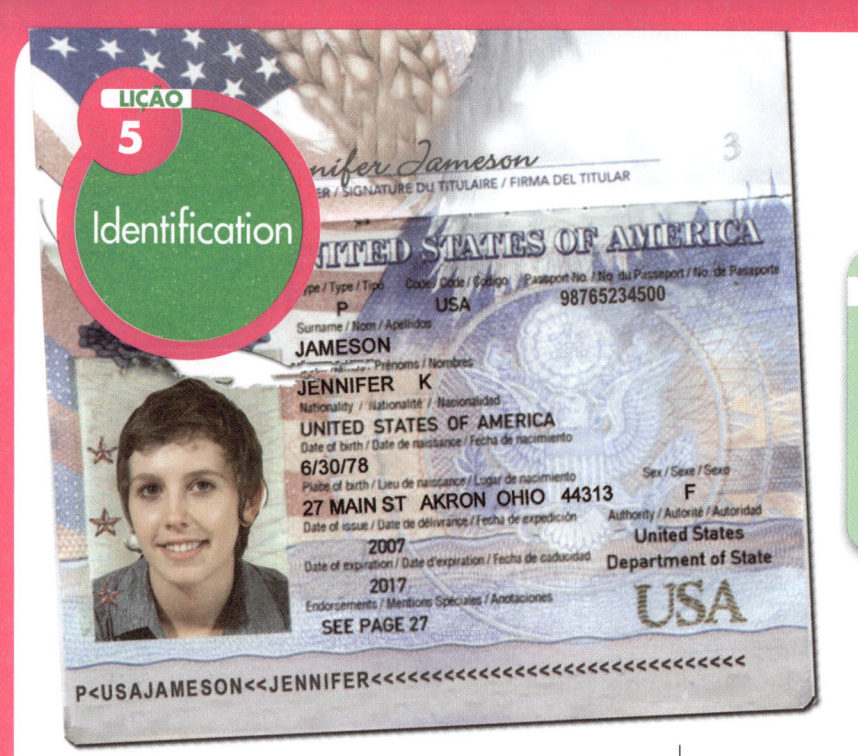

DICA CULTURAL
Nos Estados Unidos, as datas são escritas na sequência mês/dia/ano, enquanto em outros países de língua inglesa as pessoas escrevem a data na sequência dia/mês/ano. A data 6/30/2015 é escrita como *June 30, 2015* nos Estados Unidos, e 30/6/2015 é escrita como *30 June 2015* no Reino Unido.

Identificação de estudante
Jennifer é uma estudante norte-americana. Ela quer estudar espanhol na Espanha. Veja, acima, o passaporte dela.

Atividade A
Responda às perguntas usando informações do passaporte de Jennifer.

1 What's Jennifer's last name?
   Jameson

2 What's her date of birth?
   _____

3 What's her place of birth?
   _____

4 When does she need a new passport?
   _____

Atividade B
Em muitos países as pessoas precisam de uma declaração de alfândega para entrar nos Estados Unidos. Preencha esta declaração com suas informações pessoais.

U.S. Customs and Border Protection Welcomes You to the United States

- Mr./Mrs./Ms./
- Last Name
- First Name
- Birth Date — day, month, year
- Place of Birth
- Nationality
- Home Address — Street & Number
- City
- Zip code
- Country
- Home Telephone
- U.S. Street Address (hotel name/destination)
- City
- State
- Signature
- Date

22 Unidade 2 Substantivos e números

LIÇÃO 6
Palavras úteis

Palavras essenciais
Números

0	zero	11	eleven
1	one	12	twelve
2	two	13	thirteen
3	three	14	fourteen
4	four	15	fifteen
5	five	16	sixteen
6	six	17	seventeen
7	seven	18	eighteen
8	eight	19	nineteen
9	nine	20	twenty
10	ten	30	thirty

Informações pessoais
avenue
address
zip code (Am.)/postcode (Brit.)
street
(tele)phone

Atividade A
Preencha com os números faltantes:

fifteen, sixteen, seventeen, _eighteen_, _____,

twenty, twenty-one, twenty-two, twenty-three,

_____, _____, _____, _____,

_____, _____, thirty

DICA CULTURAL
A palavra *name* geralmente significa o nome completo, formado pelo nome e o sobrenome. As pessoas dizem *first name* (ou *given name*, em linguagem informal) e *last name* ou *surname* para o nome da família.

Atividade B
Leia os números de 1 a 30 em voz alta. Em seguida, relacione cada número abaixo à sua forma escrita.

1	ten	4	twelve
6	one	9	fifteen
13	thirty	12	fourteen
18	six	15	four
10	thirteen	22	twenty-two
30	eighteen	14	nine

Atividade C
Escreva os números abaixo em sua forma numérica.

1 Number eleven

_11_

2 House number twenty-one, Harvey Street

_____

3 Phone number seven-one-eight, three-seven-five, four-two-one-nine

_____

4 Zip code five eight two nine six

_____

DICAS CULTURAIS
- O código de endereçamento postal nos Estados Unidos é chamado de *zip code*. Ele é escrito no final do endereço e é formado por números. Exemplo: 10013.
- Na Grã-Bretanha, o *postcode* é formado por letras e números. Exemplo: W1H 2BQ.
- Nos Estados Unidos, as pessoas costumam dizer "Oh" quando se referem a "zero", especialmente ao fornecer números telefônicos e códigos postais: *My zip code is one-oh-oh-one-three* (10013).

LIÇÃO 7
Frases úteis

Frases essenciais

What's your address?
What's your date of birth?
What's your phone number?
My address is...
My birthday is...
My phone number is...
Where do you live?

> **DICA**
> Para pedir o endereço de e-mail de alguém, diga: *What's your e-mail address?*. Para dar o endereço do seu e-mail a alguém, diga: *My e-mail address is...* .

Atividade A
Preencha os espaços em branco com suas informações.

name ___
date of birth ___
address ___
___
phone number ___

Atividade B
O que Karine está perguntando a Peter? Circule as respostas corretas.

1. *Where do you live?*
   - **(a)** onde ele vive
   - **b** onde ele trabalha

2. *What's your address?*
   - **a** o endereço dele
   - **b** o número do telefone dele

3. *What's your phone number?*
   - **a** o número do telefone dele
   - **b** a data de nascimento dele

4. *What's your date of birth?*
   - **a** o local de nascimento dele
   - **b** a data de nascimento dele

24 | Unidade 2 | Substantivos e números

LIÇÃO 8 — Gramática

O Presente Simples (*The Simple Present*)

Em inglês, o presente simples refere-se a ações que geralmente são reais, como rotinas (*I study English every day*), e ações que sempre são reais, como fatos (*People from Spain speak Spanish*).

A forma afirmativa é o infinitivo do verbo (*to speak*) sem o *to*. A terceira pessoa do singular (*he, she, it*) é a única que sofre mudanças. As formas interrogativa e negativa usam *do* ou *does*. (*Do you speak Chinese? Yes, I do/No, I don't*).

to speak

Affirmative	Negative	Question
I speak	I don't speak	Do I speak?
you speak	you don't speak	Do you speak?
he/she/it speaks	he/she/it doesn't	Does he/she/it?
we speak	we don't speak	Do we speak?
you speak	you don't speak	Do you speak?
they speak	they don't speak	Do they speak?

Atividade A

Conjugue o verbo *to work* no presente simples, nas formas afirmativa, negativa e interrogativa.

	Affirmative	Negative	Question
I	work	don't work	Do I work?
you			
he/she/it			
we			
you			
they			

DICA

Apenas os verbos que se referem a ações podem ser progressivos. Verbos referentes a estados, como *be*, não podem ser progressivos: *We are in Canada right now.*

O Presente Progressivo (*The Present Progressive*)

O Presente Progressivo expressa uma ação que está acontecendo agora (*I am reading about verbs right now*). Ele recebe auxílio do verbo *to be* e acrescenta a terminação *–ing* no verbo principal.

Se um verbo termina com *–e* (*to live*), a desinência *–e* é substituído por *–ing* (*living*).

Affirmative	Negative	Question
I am working	I'm not working	Am I working?
you are working	you're not working; you aren't working	Are you working?
he/she/it is working	he's/she's/it's not working; he/she/it isn't working	Is he/she/it working?
we are working	we're not working; we aren't working	Are we working?
you are working	you're not working; you aren't working	Are you working?
they are working	they're not working; they aren't working	Are they working?

Exemplos

I usually work in London.
At the moment, I'm working in Paris.

Atividade B

Escreva o verbo nos parênteses no Presente Simples ou no Presente Progressivo.

1. They usually __visit__ museums in New York. (to visit)

2. At the moment she _____ English. (to speak)

3. Right now I _____. (to work)

4. You _____ English every day. (to study)

5. We always _____ to travel. (to like)

6. He _____ a book now. (to read)

Substantivos e números — Unidade 2

Unidade 2 — Revisão

Atividade A
Quantos você consegue contar? Escreva o número e o substantivo. Use a forma de plural correta.

1. _three boys_
2. _____
3. _____
4. _____

Atividade B
Com as informações da agenda, escreva frases completas. Use as dicas para facilitar.

Sally Colbert 25 Huron Street	482 913 7391
Edward Gainsbright 15 Columbia Street	+44 828 227 1984
Andrew Rodrick 8 Sixth Avenue	+44 20 2278 3625
Corrine & Mark Smith 30 Little Road	716 548 3549

1. Andrew/live
   Andrew lives at 8 Sixth Avenue.
2. Sally's phone number/be (write the number in all letters!)
   _____
3. Corrine and Mark/live
   _____
4. Andrew's phone number/be (write the number in all letters!)
   _____
5. Sally/live
   _____

Atividade C
Escreva o artigo indefinido correto (*a, an, some*) ao lado de cada palavra.

1. _a_ car
2. ____ hour
3. ____ bus
4. ____ animals

Atividade D
Você acabou de chegar ao escritório da Perfect English Language School para estudar inglês. Jennifer, na sala de matrículas, precisa de algumas informações a seu respeito. Complete o diálogo.

Jennifer Hello. What's your name?
You _My name is… (your name here)_
Jennifer Good, what's your phone number?
You _____
Jennifer What's your address?
You _____
Jennifer And what's your zip code?
You _____
Jennifer And last, what's your date of birth?
You _____
Jennifer Excellent! Welcome to the Perfect English Language School.
You _____

Atividade na internet
Procure no site **www.berlitzpublishing.com** uma relação de mapas geográficos de satélites em inglês. Procure o New York Language Institute: aumente o mapa ao encontrá-lo e use o link indicado para anotar todas as informações úteis (endereço, código de endereçamento postal, número de telefone etc.). Pratique a pronúncia de todas as informações em voz alta.

Unidade 3 — Hora e data

Nesta unidade você aprenderá:
- a dizer a hora e a data.
- os números a partir de 31.
- a elaborar perguntas usando *what*, *when* e *how long*.
- mais verbos em inglês.

LIÇÃO 1 — What time is it?

Diálogo

Diana e Joe estão assistindo a um jogo de basquete. Ouça a conversa deles.

Diana What time is it?
Joe It's half past six.
Diana It's early! When does the game end?
Joe In twenty-five minutes.
Diana How long does it last?
Joe It lasts forty-eight minutes.
Diana What's the score?
Joe Knicks 48, Bulls 42.

Atividade A

Leia novamente o diálogo e responda às questões abaixo.

1. What time is it?
   It's half past six.
2. When does the game end?
   _____
3. How long does it last?
   _____
4. What's the score?
   _____

Atividade B

Corrija a ordem do diálogo. Numere as frases de 1 a 4.

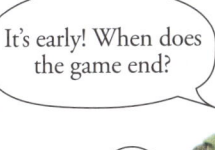

- It's half past six. **#**
- It's early! When does the game end? **#**
- It ends in twenty-five minutes. **#**
- What time is it? **# 1**

DICA CULTURAL

Na Grã-Bretanha e nos Estados Unidos, as pessoas costumam usar o sistema de doze horas para indicar as horas. 18h35 são 6:35 PM (*six thirty-five* PM). Para identificar se alguém se refere às horas da manhã ou da tarde, acrescente a abreviação AM para horários entre a meia-noite e o meio-dia. Para horários entre o meio-dia e a meia-noite, acrescente a abreviação PM. De modo geral, simplesmente diga *It's one o'clock*, *It's two o'clock* quando a hora do dia é evidente.

Hora e data — Unidade 3 — 27

LIÇÃO 2
Frases úteis

Frases essenciais

What time is it?

How long does it last?

When does it end?

It's one a.m.   `am 1:00`

It's two a.m.   `am 2:00`

It's two p.m.   `pm 2:00`

It's ten p.m.   `pm 10:00`

It's seven thirty./It's half past seven.   `am/pm 7:30`

It's a quarter after/past six.   `am/pm 6:15`

It's a quarter to seven.   `am/pm 6:45`

It's late!

It's early!

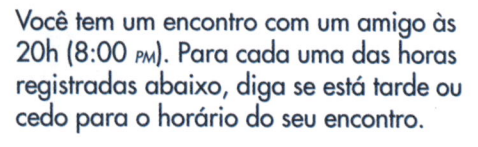

Atividade A
Você tem um encontro com um amigo às 20h (8:00 PM). Para cada uma das horas registradas abaixo, diga se está tarde ou cedo para o horário do seu encontro.

1. It's six forty five. _It's early!_
2. It's a quarter past eight. _____
3. It's seven thirty. _____
4. It's nine o'clock. _____

Atividade B
Observe o relógio e escreva uma frase dizendo que horas são.

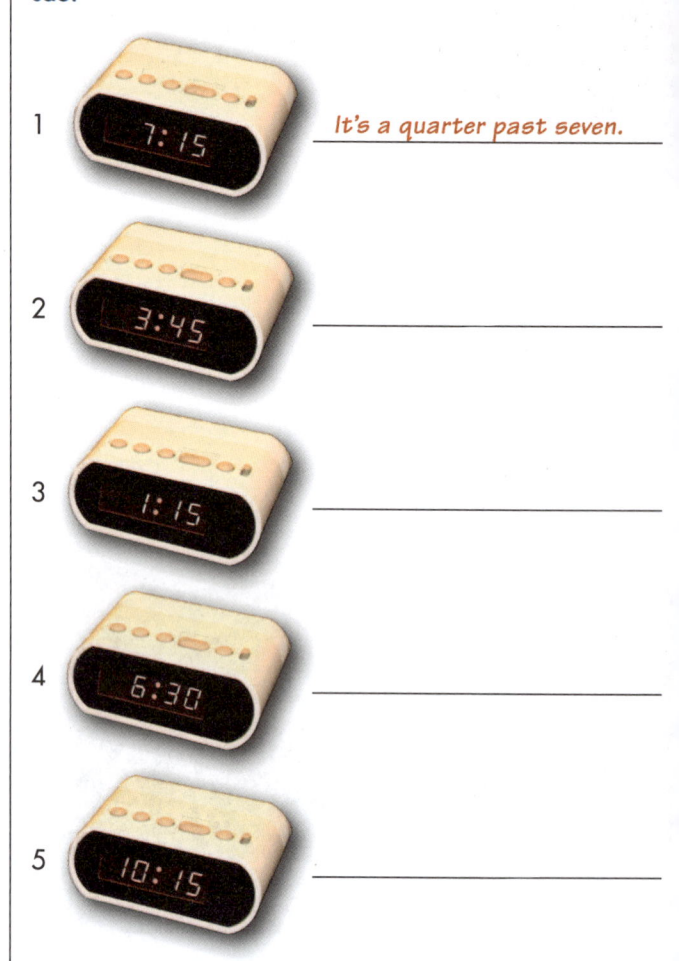

1. 7:15 — _It's a quarter past seven._
2. 3:45 — _____
3. 1:15 — _____
4. 6:30 — _____
5. 10:15 — _____

DICAS

- Há mais de uma forma de dizer as horas em inglês: *It's twenty to eight* = *It's seven forty*. *It's ten to five* = *It's four fifty*. As horas podem ser lidas também da maneira como aparecem no relógio digital: *it's 7:20* (*It's seven twenty*), *it's 4:15* (*It's four fifteen*), *it's 9:35* (*It's nine thirty-five*).

- Ao dizer as horas em inglês, *half* significa trinta minutos e *a quarter* significa quinze minutos.

  It's seven thirty (Am.) = *It's half past seven* (Brit.) = *It's thirty minutes after seven.*

  It's six fifteen. = *It's a quarter past six.* = *It's fifteen minutes after six.*

LIÇÃO 3
Palavras úteis

Palavras essenciais

Horas

an hour
a minute
a second
at ... o'clock

Números

31	thirty-one
32	thirty-two
33	thirty-three
34	thirty-four
35	thirty-five
40	forty
50	fifty
60	sixty
70	seventy
80	eighty
90	ninety
100	one hundred
101	one hundred and one
102	one hundred and two

Palavras extras

half
quarter

DICA

Você reparou como são formados os números de 31 a 35? Os números a cada dezena (30, 40, 50 etc.) sempre seguem o mesmo modelo com um hífen: *thirty-one, thirty-two* etc. Depois de 100, podem aparecer também depois da palavra *and*: 101 = *one hundred* (*and*) *one*, 125 = *one hundred* (*and*) *twenty-five*. Você saberia dizer os números de 36 a 40?

Atividade A

Escreva os números a seguir por extenso.

1 44 *forty-four*
2 32 _____
3 67 _____
4 58 _____

Atividade B

A que horas o show termina? O show começa às oito da noite e termina às dez. Observe as horas abaixo e escreva quanto tempo falta para o show acabar. Escreva por extenso.

1 8:45 pm *It ends in one hour and fifteen minutes.*

2 8:00 pm _____

3 9:55 pm _____

4 8:15 pm _____

5 9:30 pm _____

Sua vez

A que horas você costuma praticar as atividades abaixo?

acordar *I usually wake up at...*

tomar o café da manhã _____

ir para o trabalho ou para a escola _____

ir para a cama _____

LIÇÃO 4
Gramática

Preposições de movimento e lugar
Essas preposições se referem a um lugar ou a um movimento.

Preposições de lugar
As preposições de lugar mostram onde alguém ou alguma coisa está situado.

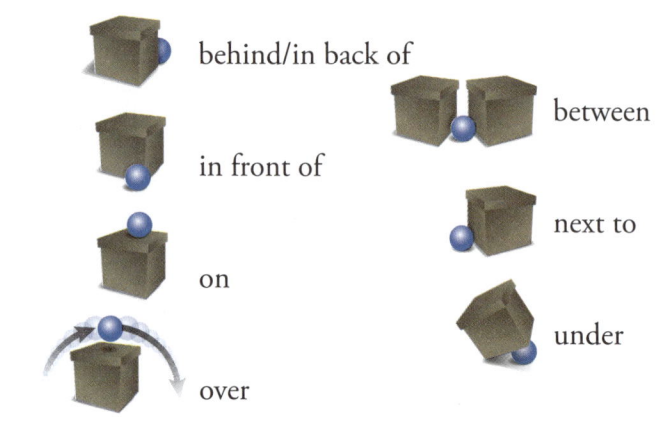

- behind/in back of
- in front of
- on
- over
- between
- next to
- under

Exemplos
The cat is sitting on the desk.
The ball is under the table.
The tree is in front of the house.

Preposições de movimento
As preposições de movimento mostram a direção para onde alguém ou alguma coisa se move. As preposições de movimento são usadas com verbos de movimento.

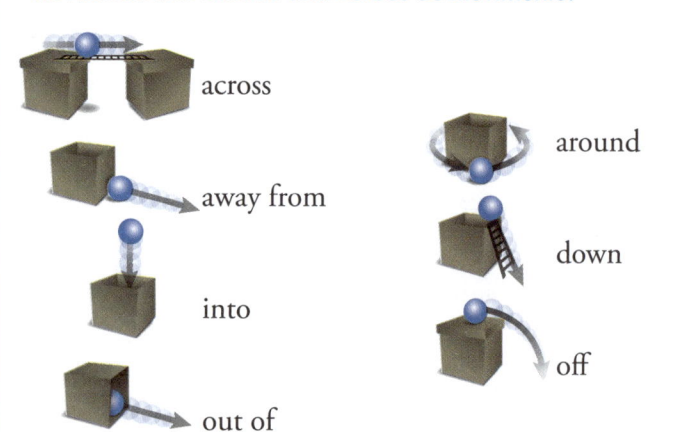

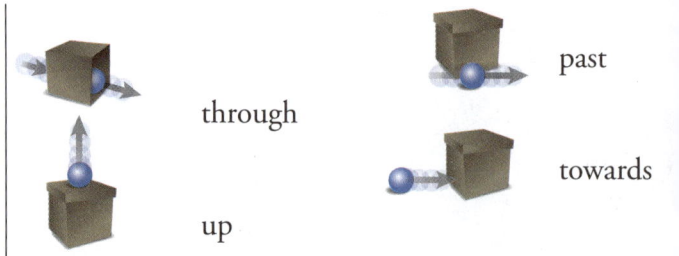

- across
- away from
- into
- out of
- around
- down
- off
- through
- up
- past
- towards

Exemplos
The man is walking across the bridge.
I'm walking up the stairs.
She's walking down the stairs.
The ball is falling off the box.

Atividade A
Escreva a preposição que se refere à localização da bola.

1. The ball is _____ the box.
2. The ball is _____ the box.
3. The ball is _____ the boxes.

Atividade B
Escreva a preposição que se refere ao movimento da bola.

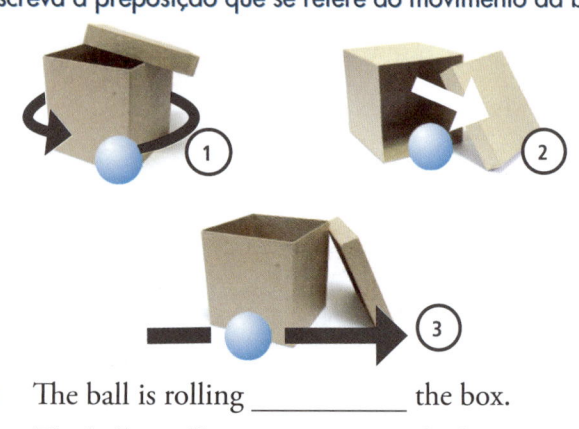

1. The ball is rolling _____ the box.
2. The ball is rolling _____ the box.
3. The ball is rolling _____ the box.

LIÇÃO 5
Things to do

do the laundry
do my homework
sweep the floor
call Mary
exercise (Am.) / do exercises (Brit.)

Lista de tarefas da Julia

Julia está pensando sobre o que ela tem para fazer hoje. Observe as imagens e a lista de tarefas.

To do
do the laundry
sweep the floor
do my homework
call Mary
exercise

Atividade A

Escolha a resposta correta.

1. Qual é a primeira tarefa que Julia precisa fazer?
   - **(a)** do the laundry
   - **b** do her homework

2. Que palavra é associada ao verbo "to sweep"?
   - **a** clothes
   - **b** floor

3. Que expressão significa "to do work for school"?
   - **a** do my homework
   - **b** exercise

4. O que Julia fará antes de telefonar para Mary?
   - **a** exercise
   - **b** do her homework

Atividade B

Escreva o que Julia tem de fazer de acordo com as imagens.

1. _Julia has to do her homework._

2. _____

Carlos
718-829-0323

3. _____

4. _____

Hora e data — Unidade 3 — 31

LIÇÃO 6
Palavras úteis

Palavras essenciais
Dias da semana

Sunday
Monday
Tuesday
Wednesday
Thursday
Friday
Saturday

Meses do ano

January
February
March
April
May
June
July
August
September
October
November
December

DICAS
- Em inglês, os dias da semana e os meses do ano são escritos com a primeira letra maiúscula.
- O ano é lido em duas partes: os primeiros dois dígitos e, em seguida, os dois últimos. Por exemplo, 1998 é *nineteen ninety-eight*; 2015 é *twenty fifteen* ou *two thousand fifteen*.
- A data geralmente leva *–th* após os dígitos, exceto os números 1, 2 e 3 (4th, 5th, 6th etc., ou *fourth, fifth, sixth* etc.). O 1 leva *–st* (1st, *first*), o 2 leva *–nd* (2nd, *second*) e o 3 leva *–rd* (3rd, *third*). Essas abreviações também são encontradas em números compostos: 21st, 22nd, 33rd.

Atividade A
Observe a agenda semanal de Kevin. Responda às questões abaixo.

DIARY

Monday	exercise
Tuesday	sweep the floor
Wednesday	do my homework
Thursday	exercise
Friday	call my parents
Saturday	do my homework
Sunday	do the laundry

1. Em que dia Kevin varre a casa? __Tuesday__
2. Em quais dias Kevin faz ginástica? _____ and _____
3. Em que dia Kevin telefona para os pais? _____
4. Em quais dias Kevin faz a lição de casa? _____ and _____
5. Em que dia Kevin lava roupa? _____

Atividade B
Escreva cada uma das datas em inglês.

1. Thursday 2/24 — *Thursday, February 24th*
2. Monday 11/17 _____
3. Saturday 6/5 _____
4. Wednesday 9/21 _____
5. Friday 4/3 _____
6. Tuesday 1/31 _____
7. Sunday 10/12 _____
8. Thursday 3/25 _____
9. Sunday 8/22 _____

LIÇÃO 7

Frases úteis

DICA DE PRONÚNCIA

O som *th* em inglês pode ser difícil para muitos estudantes! Aqui vai uma dica de pronúncia: posicione a língua entre os dentes e sopre o ar.

DICAS CULTURAIS

- Nos Estados Unidos, os feriados importantes são o New Year's Day (January 1st), o Independence Day (4th of July), o Thanksgiving (the 4th Thursday in November) e o Christmas Day (December 25th).

- Na Grã-Bretanha, os feriados importantes são o New Year's Day, o Christmas Day e o Boxing Day (December 26th), além dos feriados bancários (feriados com datas variáveis).

Frases essenciais

What day is today?
Today is Tuesday.
What's the date today?
What month is it?
What year is it?

Atividade A

Circule a resposta correta.

1. What day is today?
   a January   **b Tuesday**

2. What month is it?
   a Monday   b December

3. What's the date today?
   a Today is July 14, 2012.   b Today is Wednesday.

4. What year is it?
   a August 23rd   b 2015

Atividade B

Escreva as perguntas para completar o minidiálogo.

1. ___What day is today___? — Today is Wednesday.
2. _____? — June 18
3. _____? — April
4. _____? — 2013

Hora e data — Unidade 3 — 33

LIÇÃO 8
Gramática

Os verbos *to do* e *to make*

Os verbos *to do* e *to make* são muito úteis e comuns em inglês. É importante que você saiba a diferença entre eles.

Em geral, *to make* significa criar alguma coisa.

Em geral, *to do* significa realizar uma ação.

Exemplos

to do:
to do homework
to do housework
to do the dishes
to do the laundry

to make:
to make a cake
to make the bed
to make tea
to make a phone call
to make a mistake
to make a decision

DICA CULTURAL

Às vezes, o norte-americano e o britânico usam expressões diferentes para se referir à mesma coisa. Por exemplo, os norte-americanos *do the dishes*, enquanto no Reino Unido people *do the washing up*. Os norte-americanos *do the laundry*, enquanto os britânicos *do the washing*.

Atividade A

What are they doing? Relacione cada imagem à frase que descreve o que a pessoa está fazendo.

1 He is making coffee. _____
2 They are making a decision. _____
3 She is making a cake. _____

Atividade B

Complete as frases a seguir com *to do* ou *to make* no Presente Progressivo.

1 a cake: he _____ *He is making a cake.*
2 the gardening: Lucio _____
3 the laundry: Sheila _____
4 a decision: Jan and Betty _____
5 tea: Isabella _____
6 the bed: Li _____
7 homework: Abdul and Badra _____
8 a phone call: Cynthia _____
9 the dishes: Khanh _____
10 housework: Paul _____
11 a mistake: Janis _____

Sua vez

Escreva frases (no Presente Simples) sobre as suas atividades preferidas para o fim de semana. Não se esqueça de usar os verbos *to do* e *to make*.

On Saturdays I do the housework and I cook.

I also _____

_____

_____

_____

_____

_____

_____

Unidade 3 — Revisão

Atividade A
Use as tarefas do quadro abaixo para dizer o que Sara faz a cada hora do dia. Inicie suas frases com *She*.

- sweep the floor
- exercise
- do her homework
- call Julia
- do the laundry

1. **12:30** — *She does her homework at twelve thirty.*
2. **8:45** — _____
3. **6:00** — _____
4. **7:45** — _____
5. **11:15** — _____

Atividade B
Observe as horas. Diga quanto tempo levará para o jogo terminar.

1. 1:31:02 — *It ends in one hour, thirty-one minutes and two seconds.*
2. 2:34:13 — _____
3. 0:0:27 — _____
4. 0:12:39 — _____

Atividade C
Emily perdeu sua agenda e esqueceu o que precisa fazer em fevereiro. Observe o calendário e responda às perguntas.

FEBRUARY						
Monday	Tuesday	Wednesday	Thursday	Friday	Saturday	Sunday
1	2	3 do the laundry	4	5	6	7
8	9	10	11	12	13 do some housework	14
15 call Philip	16	17	18 do some shopping	19	20	21 do some cooking
22	23 wash the car	24	25	26	27	28

Em que datas Emily planejou fazer essas atividades? Escreva a data na sequência dia/mês/ano.

1. wash the car
   Tuesday, February 23rd
2. do the laundry
   _____
3. do some shopping
   _____
4. do some housework
   _____
5. call Philip
   _____

Desafio
Escreva um parágrafo a respeito de um(a) amigo(a). Diga o que ele(a) faz regularmente durante a semana.

Atividade na internet
Quer passar as férias nas ilhas britânicas ou nos Estados Unidos? Em **www.berlitzpublishing.com** você encontra uma relação de sites para ajudar a planejar sua viagem. Use o seu conhecimento sobre datas e horas para encontrar o melhor preço e qualidade. Quanto custa chegar às 10h de uma manhã de sábado? E para retornar em uma noite de domingo?

Unidade 4 **Família**

Nesta unidade você aprenderá:
- a apresentar a sua família e conversar sobre seus parentes.
- a usar *there is* e *there are*.
- a usar adjetivos possessivos e pronomes demonstrativos em inglês.
- as diferenças entre *a/an*, *any* e *some*.
- as formas do verbo *to have* no inglês norte-americano e no britânico.

LIÇÃO 1 — Family photo

Clare and her parents • *Steve* • *Mick and Monica* • *Patricia*

Diálogo

Clare e Sam estão conversando sobre a família deles. Clare está mostrando a Sam uma fotografia de cada membro da família dela.

Clare Look at this photo of my family, Sam. I have two brothers and one sister.

Sam What a big family! This is you, and those are your parents, I think?

Clare Yes, that's my mother and that's my father. Look at this photo. This is my little sister, Patricia.

Sam And those are your brothers?

Clare Yes. This is my oldest brother, Mick. And that's my youngest brother, Steve.

Sam And who's that?

Clare That's Monica, Mick's wife.

Atividade A
Circule **V** para verdadeiro e **F** para falso.

1. Há quatro pessoas na família de Clare. **V / F**
2. Patricia é irmã de Clare. **V / F**
3. Clare tem três irmãos. **V / F**
4. Monica é mãe de Clare. **V / F**

Atividade B
Circule a imagem que representa cada frase.

1. This is my father. **a**  / b 
2. This is my sister. a  / b 
3. This is my mother. a  / b 
4. These are my brothers. a  / b 
5. This is Mick's wife. a  / b

DICAS

- *There is* é usado para pessoa, animal ou coisa no singular (um) e *there are* é usado para pessoas, animais ou coisas no plural (mais de um). Por exemplo: *There is a dog in the house. There are three men in the street.*

- Para formar frases negativas, acrescente *not* depois do verbo: *there is not...* (*there isn't/there's not...*) e *there are not...* (*there aren't...*). Por exemplo: *There isn't/There's not a dog in the house. There aren't any brothers in Paco's family.*

- Para formular uma pergunta, use *Is there...?* ou *Are there...?* Por exemplo: *Is there a cat in the postcard? Are there a lot of people in your family?*

LIÇÃO 2

Palavras úteis

DICA

Há duas formas de expressar posse em inglês:
- usando pronomes possessivos, como *my*. Eles serão apresentados na Lição 4.
- acrescentando um apóstrofo + *s* (*'s*) a um nome: *Marianne's husband* = *the husband of Marianne*. *Steve's brother* = *the brother of Steve*. No plural, acrescente apenas um apóstrofo: *My parents' house* = *the house of my parents*.

Palavras essenciais

family
parents
father
mother
son
daughter
brother
sister
husband
wife

children
older
younger
I think…
What a big family!

Atividade A

Observe a árvore genealógica da família de Sam. Complete a descrição dele, abaixo.

1. There are five people in my ___family___ .
2. Thomas is my _____ .
3. My _____ 's name is Marianne.
4. Rachel is my _____ .
5. Paul is Rachel's _____ .

Atividade B

Circule a palavra correta.

1. Sam is Rachel's (**brother**) **father**.
2. Rachel is Sam's **mother** **sister**.
3. Marianne is Sam's **father** **mother**.
4. Thomas is his **uncle** **father**.
5. Marianne and Thomas are Sam and Rachel's **parents** **brothers**.
6. Sam is Thomas and Marianne's **son** **daughter**.
7. Rachel is Thomas and Marianne's **sister** **daughter**.
8. Sam and Rachel are Thomas and Marianne's **children** **parents**.
9. Rachel is Paul's **wife** **sister**.
10. Paul is Rachel's **father** **husband**.

Sam's Family Tree

Thomas — Marianne
Sam · Rachel · Paul

Família · Unidade 4

LIÇÃO 3 — Frases úteis

Frases essenciais

Do you have (Am.)/Have you got (Brit.) a big family?
I have (Am.)/I've got (Brit.) two brothers and one sister.
My family is big/small.
What a big/small family!

Atividade A

Coloque as frases na ordem correta para criar um diálogo.

- Do you have a big family? **#1**
- What a big family! **#**
- No, my family is small. I just have one sister. **#**
- I've got three brothers and two sisters. Look at this photo. **#**
- Yes, I have a big family. And do you have a big family? **#**

Atividade B

Escreva uma frase dizendo se as famílias são grandes ou pequenas.

1. *It's a small family.*
2. _____ 
3. _____ 
4. _____ 

Sua vez

Use o vocabulário e as frases que você acabou de aprender para falar sobre a sua família. É uma família grande ou pequena? Você tem irmãos e irmãs? Se sim, quantos?

LIÇÃO 4
Gramática

Adjetivos possessivos

Na Lição 2, aprendemos a usar 's para expressar posse (*Rachel is Sam's sister*). Uma segunda forma de expressar posse é com adjetivos possessivos:

my
your (sing.)
his (m.)/her (f.)/its
our
your (pl.)
their

Exemplos
Rachel is *his* sister.
He is *my* brother.
They are *your* sisters.
Her family is big.
Our mother's name is Karen.

Atividade A

Usando os pronomes entre parênteses, preencha as lacunas com o adjetivo possessivo correto.

1 She is ___my___ mother. (me)
2 Is she _____ sister? (you)
3 _____ family is small. (they)
4 This is _____ brother. (me)
5 Are they _____ cousins? (you)
6 These men are _____ brothers. (she)
7 _____ house is big. (he)
8 These are _____ children. (we)

Adjetivos demonstrativos

This refere-se a uma pessoa, um animal ou uma coisa que está fisicamente perto da pessoa que está falando. O plural de *this* é *these*.

Exemplos
This man is my husband.   These people are my sisters.

That é usado para uma pessoa, um animal ou uma coisa que está fisicamente longe da pessoa que está falando. O plural de *that* é *those*.

Exemplos
That is my husband.   Those are my sisters.

Atividade B

Relacione as imagens às frases corretas.

1 These girls are my daughters. ___e___
2 This car is new. _____
3 That house is big. _____
4 This woman is my mother. _____
5 These people are my parents. _____
6 Those dogs like to play. _____

DICA

Os adjetivos possessivos vêm antes dos substantivos. Os pronomes possessivos substituem os adjetivos possessivos + substantivos. (*my sister = mine, their sister = theirs*).

mine   ours
yours (sing.)   yours (pl.)
his/hers/its   theirs

This is your house and that is *mine*. = This is your house and that is *my house*.

These are my brothers and those are *yours*. = These are my brothers and those are *your brothers*.

Família   Unidade 4   39

LIÇÃO 5
Family relationships

Ellen *(grandmother)*
Bill *(grandfather)*
Kate *(aunt)*
Tim *(uncle)*
Lucy *(mother)*
Chris *(father)*
Grant *(cousin)*
Alice *(cousin)*
Pamela
Luke *(brother)*
Nadia *(sister-in-law)*
Jake *(nephew)*
Jacky *(niece)*

Árvore genealógica
Pamela Johnson acabou de criar a árvore genealógica de sua família para explicar quem é quem. Observe a árvore e diga em voz alta que parentesco existe entre cada um dos membros da família.

Atividade A
Descreva o parentesco existente entre cada pessoa e Pamela.

1. Bill is Pamela's _grandfather_.
2. Lucy and Chris are Pamela's _____.
3. Alice is Pamela's _____.
4. Jacky is Pamela's _____.

Atividade B
Qual é a relação de cada pessoa com Pamela?

1. _mother_
2. _____ 
3. _____ 
4. _____

DICA

O prefixo *step-* é usado para parentes por parte do segundo (ou outro) casamento: *step-father, step-sister* etc.

My mother has a new husband, so now I have a step-father.

LIÇÃO 6
Palavras úteis

Palavras essenciais

grandfather
grandmother
grandchildren
grandson
granddaughter
uncle
aunt
nephew
niece
cousin
friend
boyfriend
girlfriend

father-in-law
mother-in-law
brother-in-law
sister-in-law
son-in-law
daughter-in-law

> **DICA**
> A terminação *-in-law* é usada para parentes por parte de casamento: *mother-in-law, father-in-law, sister-in-law, brother-in-law, son-in-law, daugther-in-law.*

Atividade A
Observe a árvore genealógica de Pamela na página 40. Circule **V** para verdadeiro e **F** para falso.

1 Ellen é avó de Pamela. **Ⓥ** / F
2 Pamela é mãe de Lucy. V / F
3 Kate é tia de Pamela. V / F
4 Jake é sobrinho de Pamela. V / F

Atividade B
Circule as palavras que se referem a cada parentesco.

1 My mother's sister is my…
   ⓐ aunt   b cousin

2 My aunt's son is my…
   a nephew   b cousin

3 My father's mother is my…
   a aunt   b grandmother

4 My brother's cousin is my…
   a cousin   b nephew

5 My father's father is my…
   a uncle   b grandfather

6 My father's niece is my…
   a sister   b cousin

> **DICA**
> A palavra *love* é frequentemente usada tanto para o que você gosta de comer, beber etc., como para pessoas que você ama: *I love chocolate! I love my parents.*

Família — Unidade 4

LIÇÃO 7

Frases úteis

DICAS

- Você pode expressar que gosta muito de alguém ou de alguma coisa usando *a lot* ou *very much* com o verbo *to like*: Do you like chocolate? *Yes, I like it a lot* ou *I like it very much*.
- Os pronomes são posicionados no mesmo local que os substantivos: *I love my wife./I love her.*
- Nós aprendemos, na Unidade 2, que *some* é usado com substantivos no plural. *Some* se torna *any* em sentenças negativas e em perguntas. Por exemplo: *Miguel doesn't have any sisters. Do you have any children?*

Frases essenciais

Do you have (Am.)/Have you got (Brit.) any relatives in…?
Is your family close?
My family is close.
Are you married?
I'm single.
I love my family.
I love you.

DICA

Para fazer uma pergunta cuja resposta seja sim/não com verbos regulares, comece com *do* ou *does*, seguido pelo sujeito e depois pelo verbo principal:

do/does + subject + main verb

Do you have a big family? Yes, I do./No, I don't.
Does Fatima live in Rio de Janeiro? Yes, she does./ No, she doesn't.

Atividade A

Trace uma linha relacionando as perguntas às respostas correspondentes.

1. Have you got any family in England?
2. Your brother is very nice. Is he single?
3. Do you like your brother's wife?
4. Are you married?
5. Do you have any sisters?

a) No, he's not. He's married. This is his wife.
b) No, I'm not. I'm single.
c) Yes, I do. I like her very much.
d) Yes, I have. My uncle lives in London.
e) No, I don't, but I have two brothers.

Atividade B

Formule perguntas para as respostas. Certifique-se de usar *any*.

1 <u>Do you have any cousins?</u>

   Yes, I have three cousins.

2 _____

   No, I don't have any uncles.

3 _____

   No, I don't have any nephews.

4 _____

   Yes, I have one brother.

Sua vez

Agora fale sobre os membros da sua família. Você é solteiro(a) ou casado(a)? Quem é casado em sua família? Quem é solteiro?

Unidade 4 — Família

LIÇÃO 8
Gramática

O verbo *to have*

O verbo *to have* é irregular.

I have
you have
he/she/it has
we have
you have
they have

Exemplos

I have two sisters.
Chen-Hsuan has three brothers.

DICA

No inglês norte-americano usa-se *to have*, mas, no inglês britânico, usa-se *to have got*, que aparece frequentemente contraído: *I have got two sisters = I've got two sisters. Clare has got one sister. = Clare's got one sister.*

Para formular uma pergunta, use *Have you got…?, Has he got…?* etc.

Atividade A

Circule a resposta correta.

1   He _____ a cousin.
   a have   **(b) has**

2   You _____ a sister.
   a have   b has

3   I _____ an aunt.
   a have   b has

4   She _____ two cousins.
   a have   b has

5   They _____ three nieces.
   a have   b has

Atividade B

Escreva frases usando as informações abaixo. Use *have* ou *has* e o artigo indefinido correto: *a, an* ou *some*.

1   __He has an uncle.__ (he, uncle)
2   _____ (my uncle, nieces)
3   _____ (I, sister-in-law)
4   _____ (she, brothers)

Sua vez

Responda às perguntas a seguir sobre sua família.

1   Do you have any sisters? _____
2   Do you have any brothers? _____
3   Do you have any aunts? _____
4   Do you have any cousins? _____
5   Do you have any pets? _____

DICA CULTURAL

A palavra *woman* (pl. *women*) é usada para mulheres em geral, mas, quando você quiser se referir a alguém em particular ou a um grupo de mulheres, é mais cortês, no inglês britânico, usar a palavra *lady* (pl. *ladies*). Por exemplo: *These ladies are from London.*

DICA

Além de descrever posse e parentesco (*I have two brothers*), *to have* é usado em expressões comuns:

to have a sandwich = comer um sanduíche

to have coffee = tomar café

to have a good time = divertir-se

to have a bad time = não se divertir, passar um momento desagradável

Família   Unidade 4

Unidade 4 — Revisão

Atividade A
Janet leva seu amigo Paul a uma festa de família e apresenta-o a seus parentes. Complete a conversa deles.

Janet That's my <u>grandfather</u>, Alfie.
mother's father

And that's my _____ Diane.
mother's mother

Paul And who is that girl?

Janet That's my _____, Penelope, and that's
mother's niece

my _____, Mike.
mother's nephew

Paul Is that lady your mother?

Janet No, she's my _____, Connie.
mother's sister

Penelope and Mike are her _____.
husband's children

Paul Who's that woman?

Janet She's Linda, my _____.
father's wife

Atividade B
Indique o parentesco entre Janet e cada pessoa, certificando-se de usar o pronome possessivo correto:

1 Connie is <u>her aunt</u>.
2 Linda is _____.
3 Penelope and Mike are _____.
4 Alfie and Diane are _____.

Desafio
Pergunte a um(a) amigo(a) que fala inglês sobre a família dele(a). Ele(a) tem irmãos e irmãs? Muitos primos? Alguma sobrinha ou sobrinho?

Atividade C
Agora Paul está perguntando a Alfie sobre a família dele. Preencha as lacunas com os adjetivos demonstrativos corretos. Você pode usar *this* ou *that* (ambos estão corretos) com substantivos no singular ou *these* ou *those* (ambos estão corretos) com substantivos no plural.

Paul Is <u>this/that</u> boy your nephew?

Alfie No, he's my grandson.

Paul Who are _____ children?

Alfie They are my grandchildren.

Paul Is _____ man your son?

Alfie No, he's my nephew! _____ men are my sons.

Atividade D
Escreva uma frase dizendo quantas crianças há em cada imagem. Inicie cada frase com a expressão *there is...* ou *there are...*.

1 There are two children.
2 _____
3 _____
4 _____

Atividade na internet
Acesse **www.berlitzpublishing.com** para encontrar uma lista de sites nos quais você pode criar a sua árvore genealógica. Ao criá-la, mostre cada membro da família em inglês. Pratique apresentando-os em voz alta.

Unidade 5 — Refeições

Nesta unidade você aprenderá:
- a falar sobre café da manhã, almoço e jantar.
- o vocabulário relacionado a comida e bebida.
- os diferentes usos dos verbos *to be* e *to have*.
- a fazer perguntas em inglês.
- as expressões *to want* e *would like*.
- verbos modais (*can, could, may, will, would*).

LIÇÃO 1 — I'm hungry!

Diálogo

Min-ji e seu amigo Bae estão falando sobre o que querem comer. Ouça a conversa sobre o que querem para o café da manhã, o almoço e o jantar.

Min-ji I'm hungry. Do you want some breakfast?

Bae Yes. I'd like a big salad.

Min-ji At eight o'clock in the morning? We eat salad for lunch or for dinner.

Bae I don't mind. What would you like?

Min-ji Eggs. Would you like some eggs?

Bae And I'd like a glass of wine too!

Min-ji We don't drink wine for breakfast!

Atividade A

Circule **V** para verdadeiro e **F** para falso.

1. Min-ji quer tomar café da manhã. **V** / F
2. Bae quer uma salada no café da manhã. V / F
3. Min-ji diz para Bae tomar sopa. V / F
4. Bae quer um copo de cerveja. V / F

Atividade B

Circule a resposta correta.

1. O que Min-ji quer comer? **a**  / b 
2. O que Bae quer beber? a / b 
3. O que eles querem no café da manhã? a / b 
4. A que horas o diálogo se passa? a / b

DICA
Não use artigos antes de nomes de refeições: *What do you want for lunch? What time do you usually eat dinner?*

LIÇÃO 2

Palavras úteis

Palavras essenciais

Food
bread
fruit
soup

Drinks
beer
coffee
juice
milk
tea
water

Verbs
to drink
to eat
to have

DICA

Food, bread, fruit, soup, beer, coffee, juice, milk, tea e *water* são substantivos incontáveis em inglês. Eles não podem ser contados e, portanto, não podem ter plural. Substantivos incontáveis não levam artigos indefinidos no singular (*a, an*): *water, bread, tea*. Para contar esses itens, use palavras que indiquem medidas: *a loaf of bread, two loaves of bread, a cup of tea, three cups of tea*.

Consulte a página 118 para verificar a lista de substantivos incontáveis.

DICA

Se você não quer comer ou beber algo, simplesmente diga: *No, thank you*.

Atividade A

Observe as imagens e escreva a comida ou a bebida que cada pessoa está consumindo.

1 ___fruit___    2 _____

3  _____   4 _____

DICA

Bebidas geralmente são incontáveis, mas, em alguns casos, *a* ou *an* se referem ao recipiente no qual a bebida está: *I'd like a coffee.* = *I'd like a cup of coffee.* Às vezes, *a* ou *an* refere-se a um tipo de bebida: *I tried a new beer last night.* = *I tried a new type of beer.*

Sua vez

De que tipo de comida você gosta? Relacione os alimentos que você prefere no café da manhã, no almoço e no jantar. Use um dicionário para procurar as palavras que você não conhece em inglês.

1 breakfast _____
2 lunch   _____
3 dinner   _____

LIÇÃO 3 — Frases úteis

Frases essenciais

I'd like… (Am.)/I fancy… (Brit.)
I'm hungry.
I'm thirsty.

DICA CULTURAL

I would (I'd) like…, no inglês norte-americano, e *I fancy…*, no inglês britânico, indicam que uma pessoa quer alguma coisa. São frequentemente usados quando as pessoas pedem um prato em um restaurante: *I'd like eggs and coffee, please.*

DICA

O verbo *to be* indica como alguém se sente e é seguido por um adjetivo. *To have* indica posse e é seguido por um substantivo. Por exemplo:

I'm hungry. Ann's cold. Fynn and Leah are thirsty.
I have a white car. Sam has one sister.

Atividade A

Seis pessoas querem comer ou beber diferentes coisas. Assinale a opção que indica se a pessoa está com fome ou com sede.

		I'm hungry	I'm thirsty
1	bread	✓	☐
2	coffee	☐	☐
3	soup and salad	☐	☐
4	beer and water	☐	☐
5	eggs	☐	☐
6	juice	☐	☐

Atividade B

Preencha os espaços com *I'd like* ou *I fancy*.

1 ____I'd like____ a salad. (American English)

2 _____ orange juice. (British English)

3 _____ soup and a salad. (British English)

4 _____ coffee. (American English)

Atividade C

Posicione cada palavra ao lado da imagem correspondente.

dinner   breakfast   lunch

Refeições — Unidade 5 — 47

LIÇÃO 4 — Gramática

Interrogativos

How?	How do you get to work? I walk.
What?	What do you do? I'm a teacher.
When?	When do you study English? At night.
Where?	Where do you live? In Beijing.
Which?	Which city do you live in, Beijing or Shanghai? Beijing.
Who?	Who do you live with? My parents.
Why?	Why do you study at night? Because I work during the day.

Para formular uma pergunta, comece com o pronome interrogativo, seguido por *do* ou *does*, depois pelo sujeito e, finalmente, por um verbo principal:

interrogativo + *do/does* + sujeito + verbo

When do we eat?
Where do you live?
What does she like for lunch?

Atividade A
Preencha os espaços com o pronome interrogativo correto.

> Who   Where   When   Which   What

1 ___Where___ do you live?
2 _____ do you like to eat for breakfast?
3 _____ does it start?
4 _____ do you like better, London or Paris?
5 _____ is that man?

Perguntas com *to be*

Para formular uma pergunta com o verbo *to be*, inicie pelo pronome interrogativo, seguido por *am*, *is* ou *are*, seguido pelo sujeito:

interrogativo + *am/is/are* + sujeito

Which is your car, the red one or the blue one?
  The blue one.
Who is she? My sister.
Where are your friends? At school.

Atividade B
Escolha o pronome interrogativo correto.

1 _____ time is it?
   (a) What   b When   c Where
2 _____ are they living now?
   a Who   b Where   c Which
3 _____ is the capital of France?
   a What   b How   c Why
4 _____ is Lisa's favorite color, yellow or green?
   a Which   b Where   c When

Atividade C
Que pronome interrogativo você usa para perguntar…

1 a razão de algo?
   ___Why___
2 a identidade de alguém?
   _____
3 a que horas algo acontece?
   _____
4 o lugar de onde alguém é?
   _____

Sua vez
Leia as respostas a seguir. Depois, formule uma pergunta relacionada a cada resposta. Pratique dizendo as perguntas e as respostas em voz alta.

1 My mother's name is Mary. *What's your mother's name?*
2 It's three PM.
3 They're Jane's cousins.
4 She lives in London.

LIÇÃO 5
At the restaurant

Cardápio

Leia o cardápio em voz alta. Depois, ouça o diálogo entre Marta e o garçom.

Good Food Restaurant

Menu

Appetizers
Shrimp cocktail
Soup

Main course
Burger and fries
Chicken with rice
Fish with vegetables

Dessert
Chocolate cake
Ice cream

Diálogo

Waiter Hello. Would you like an appetizer?
Marta Yes, I'll have a shrimp cocktail, please.
Waiter Fine. What would you like for the main course?
Marta What do you recommend?
Waiter The burger is delicious.
Marta I don't want meat. I don't like it.
Waiter The fish and vegetables are also very good.
Marta OK. I'll have the fish and vegetables.
Waiter Fine. That's a good choice. I'll bring it right away.

Atividade A
Circule a resposta correta.

1. Que entrada Marta pediu?

2. Que prato o garçom sugere, mas Marta não quer?

3. O que Marta pede como prato principal?

4. Que sobremesa há no cardápio?

Atividade B
Coloque as frases na ordem correta para criar um diálogo.

___ I'll have the soup for an appetizer, please.
___ And for the main course?
_1_ What would you like for an appetizer?
___ I'll have the chicken.

DICA CULTURAL

A entrada é chamada *the starter* no inglês britânico e *the appetizer* no inglês norte-americano. *Prawn cocktail* em inglês britânico é chamado de *shrimp cocktail* em inglês norte-americano. Também é muito mais fácil encontrar o tradicional *fish and chips* em um cardápio britânico, e não o norte-americano *burger and fries*!

Batatinhas de pacote são chamadas de *crisps* na Grã-Bretanha e *chips* nos Estados Unidos. Batatas fritas são chamadas de *chips* na Grã-Bretanha, enquanto nos Estados Unidos são conhecidas por *fries* ou *French fries*.

Refeições — Unidade 5

LIÇÃO 6
Palavras úteis

Palavras essenciais

apple pie
cake
cheese
chicken
fish
ice cream
meat
pepper
potatoes
rice
salad
salt
vegetables

Atividade A
Escreva se os pratos a seguir são servidos como entrada, prato principal ou sobremesa.

1 soup and shrimp cocktail _____
2 meat and fish _____
3 ice cream and apple pie _____
4 chicken and rice _____

DICA CULTURAL

Na Grã-Bretanha e nos Estados Unidos costuma-se deixar uma gorjeta para o garçom – geralmente 15% do total da conta nos Estados Unidos e 10% na Grã-Bretanha.

Atividade B
Responda às perguntas. Escreva frases completas.

1 Which is an appetizer/a starter?

2 Which is a main course?

3 Which is a dessert?

Sua vez
Use seu novo vocabulário e frases para criar o seu cardápio.

Restaurant _____
Menu
Appetizers

Main course

Dessert

Drinks

50 Unidade 5 Refeições

LIÇÃO 7
Frases úteis

Frases essenciais

Can I see the wine list?
What's today's special?
The special is…
Enjoy your meal.
How is your food?
This is delicious!
Could I have the check (Am.)/bill (Brit.)/, please?
It's on me.

Atividade A
O que você diz quando quer…

1 desejar uma boa refeição a alguém?
   Enjoy your meal.

2 pedir a conta ao garçom?
   _____

3 pedir a carta de vinhos?
   _____

4 dizer que sua comida está deliciosa?
   _____

Atividade B
Circule a melhor resposta para as perguntas e situações abaixo.

1 What's today's special?
   a It's delicious.
   b The special today is the fish.

2 Before beginning the meal, you want to drink something. You say to the waiter:
   a Could I see the wine menu, please?
   b Enjoy your meal.

3 You are eating and the server asks you if you are enjoying your meal. Your answer is:
   a The special is the fish.
   b It's delicious!

4 You have finished your meal. You say to the waiter:
   a Could I have the bill, please?
   b What's the special today?

Sua vez
Você está em um restaurante com um(a) amigo(a). Descreva para ele(a) os diferentes pratos, o cardápio e os pratos do dia. Pergunte ao(à) seu(sua) amigo(a) o que ele(a) quer comer. Ao final, certifique-se de pagar a sua conta!

DICAS CULTURAIS

- O café da manhã costuma ser uma grande refeição, com cereais, ovos, salsicha, pães, torradas, geleia, café, chá e suco.

- Ao meio-dia, algumas pessoas geralmente comem apenas um sanduíche, mas muitas famílias fazem uma grande refeição, especialmente nos fins de semana. A refeição noturna é chamada de *dinner* (Am.) ou *supper* (Brit.). Aos domingos, nos Estados Unidos, uma única refeição chamada *brunch* costuma substituir o café da manhã e o almoço.

- Tradicionalmente, o chá inglês é uma refeição com pequenos sanduíches, *scones* (pãezinhos que são consumidos com manteiga, geleia e creme) e doces, tudo servido com algumas xícaras de chá, é claro.

LIÇÃO 8
Gramática

Verbos modais

Certos verbos em inglês, chamados de verbos modais (*modal verbs/modals*), são usados com os verbos principais. Os modais mais comuns são *can, could, may, will* e *would*. Os verbos principais seguem os modais e ficam no infinitivo.

- Os modais *can, could, will* e *would* formam pedidos (pedir a alguém que faça algo a você). Acrescentar *please* torna o pedido mais cortês:

Can you tell us about today's specials, please?

Could you please bring the wine list?

Will you please bring me a glass of wine?

Would you please bring the check?

- Os modais *can, could* e *may* formam pedidos de permissão (perguntar a alguém se não há problema em você fazer algo):

Can I have fish with vegetables, please?

Could we please order now?

May I see the wine list?

DICA CULTURAL

Para pedir algo em inglês educadamente, expressões como *I'd like*, a forma abreviada de *I would like*, ou *I'll have*, forma abreviada de *I will have*, são preferíveis a *I want*.

Atividade A

Circule o modal correto.

1 _____ I have some wine, please?
   a) Can   b Will

2 _____ you please bring us a menu?
   a May   b Would

3 _____ you tell us about the desserts?
   a Could   b May

4 _____ we have the check?
   a May   b Would

Atividade B

Can e *could* são usados para pedidos (*requests*) ou permissão (*permission*)?

1 Can I please have a cup of coffee?
   permission

2 Could you tell us about the appetizers?
   _____

3 Can you bring us the bill?
   _____

4 Could we see the wine list, please?
   _____

Sua vez

Você está em um restaurante. Pense em perguntas para fazer ao garçom.

1 Can _____?

2 May _____?

3 Will _____?

4 Would _____?

5 Could _____?

Unidade 5 — Refeições

Unidade 5 — Revisão

Atividade A
Use o verbo *to be* ou *to have* para completar as frases.

1. He ____has____ brown eyes.
2. She _____ hungry.
3. They _____ tall.
4. We _____ thirsty.
5. You _____ blond hair.
6. My parents _____ a new car.
7. He _____ cold.
8. You _____ happy!

Atividade B
Todos os pratos foram misturados no cardápio do restaurante Eat Out. Alguém colocou as sobremesas onde deveriam estar as entradas, e os pratos principais depois das sobremesas! Desfaça os enganos reposicionando as palavras da forma correta.

EAT OUT RESTAURANT
Menu

Appetizers
~~Apple pie~~ Soup
Chicken with rice

Main course
Chocolate cake
Shrimp cocktail

Dessert
Soup
Burger and fries

Atividade C
Bill está com fome. Ele convida Angela para jantar fora. Use as frases e os pronomes interrogativos aprendidos nesta unidade para preencher as lacunas na conversa entre eles.

At home

- **Bill** ____I'm____ hungry.
- **Angela** What _____ to eat?
- **Bill** _____ some chicken.
- **Angela** Let's go _____.

In the car

- **Bill** _____ is the restaurant?
- **Angela** It's that way.

At the restaurant, before eating

- **Angela** What _____ you _____ for the main course?
- **Bill** I'd like _____.

At the restaurant, after eating

- **Angela** Waiter, _____, please?

Desafio
Quais pratos de outros países você já experimentou? Você gosta de comida italiana? E de comida chinesa? Faça uma relação dos seus tipos de comida favoritos.

Atividade na internet
Muitos restaurantes disponibilizam seus cardápios on-line. Acesse **www.berlitzpublishing.com** para encontrar cardápios da Grã-Bretanha e dos Estados Unidos. Você percebe alguma diferença? Leia o cardápio em voz alta. Se você não souber o significado de algumas palavras, anote-as e procure-as no dicionário.

Unidade 6 Clima e temperatura

Nesta unidade você aprenderá:
- a falar sobre temperatura, clima e estações do ano.
- a descrever coisas.
- o Passado Simples (*Simple Past Tense*) dos verbos regulares.

LIÇÃO 1 — What's the weather like?

Diálogo

Padma vive em Nova York e Fred vive em Glasgow, na Escócia. Ouça a conversa deles por telefone a respeito do clima.

Padma Hello, Fred. What's the weather like in Glasgow?

Fred It's cold. It's sunny but it's five degrees Celsius.

Padma Really? It's not very nice here either.

Fred What's the temperature?

Padma Fifty degrees Fahrenheit and it's windy and raining.

Fred Fifty degrees? That's warm!

Atividade A

Responda às perguntas com base no diálogo.

1. What's the temperature in Glasgow?
   It's five degrees Celsius.

2. What's the temperature in New York?
   _____

3. What's the weather like in Scotland?
   _____

4. What's the weather like in New York?
   _____

Atividade B

Responda às perguntas com base nos termômetros abaixo.

1. What's the temperature in Fahrenheit in Seoul?
   It's 20 degrees Fahrenheit.

2. What's the temperature in Celsius in Seoul?
   _____

3. What's the temperature in Fahrenheit in Hanoi?
   _____

4. What's the temperature in Celsius in Hanoi?
   _____

Seoul   Hanoi

> **DICA**
>
> Há mais de uma maneira de dizer *in addition* em inglês: *also* e *too*. *Too* é sempre posicionado ao final da frase. *Also* é mais formal do que *too*.
>
> It's also cold in London.
>
> It's hot in Mexico City, too.

LIÇÃO 2

Palavras úteis

Palavras essenciais

cold
cloudy
hot
humid
It's raining.
It's windy.
rainy
sunny
warm
weather
windy

Atividade A

Relacione cada palavra à imagem que a representa.

1   cloudy   a

2   sunny   b

3   windy   c

4   rainy   d

Atividade B

Circule a afirmação que se relaciona a cada frase.

1   Está um tempo bom lá fora.
    a It's sixty degrees Fahrenheit.   **b** It's cold.

2   Está 2 graus Celsius lá fora.
    a It's hot.   **b** It's cold.

3   Está chovendo e ventando. Isso se refere a:
    a the temperature   **b** the weather

4   Está 50 graus Farenheit lá fora. Isso se refere a:
    a the weather   **b** the temperature

Atividade C

Neste momento, como está o clima onde você mora? Está ensolarado e quente? Está ventando e frio? Use as palavras essenciais e um dicionário para descrever o clima.

_____

_____

_____

DICAS CULTURAIS

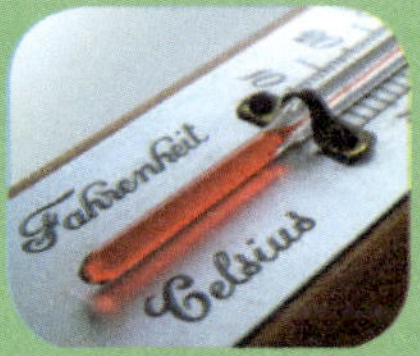

- Os Estados Unidos e a Grã-Bretanha usam o sistema Fahrenheit, e não o sistema Celsius. O Canadá, assim como a maioria dos países, usa o sistema Celsius.

- Para converter graus Fahrenheit em graus Celsius: subtraia 32, multiplique o resultado por 5 e, então, divida-o por 9:

    68°F → 68 − 32 = 36 × 5 = 180 ÷ 9 = 20°C

    Para converter graus Celsius em graus Fahrenheit: multiplique por 9, divida o resultado por 5 e, então, some 32:

    20°C → 20 × 9 = 180 ÷ 5 = 36 + 32 = 68°F

- A água congela a 0°C ou 32°F. A água ferve a 100°C ou 212°F.

LIÇÃO 3
Frases úteis

Frases essenciais

What's the temperature?
It's … degrees Fahrenheit.
What's the weather like?
It's hot/cold.
It's sunny.
The weather is bad/nice.

the weather forecast
It's raining.
It's snowing.

DICA CULTURAL

It's raining cats and dogs (Am.) e *The rain is bucketing down* (Brit.) querem dizer que está chovendo muito forte.

Atividade A
Coloque cada palavra ou frase na posição correta.

| 35°C | 65°F | It's warm. |
| It's raining. | 20°C | It's cold. |

What's the temperature?
_____
_____35° C_____
_____

What's the weather like?
_____
_____
_____

Atividade B
Como está o tempo? Relacione cada foto com a representação correta do clima.

1 — **a** It's hot.

2 — **b** It's sunny.

3 — **c** It's windy.

4 — **d** It's cold.

Atividade C
Imagine que seja um belo dia de primavera. Circule a resposta correta.

1 What's the weather like?
   ⓐ It's nice.   **b** It's bad.
2 Is it warm or cold?
   a It's warm.   **b** It's cold.
3 What's the temperature?
   a It's forty degrees Fahrenheit.
   b It's sixty degrees Fahrenheit.
4 Is it raining or is it sunny?
   a It's sunny.   **b** It's raining.

LIÇÃO 4
Gramática

DICA
Quando dois ou mais adjetivos descrevem o mesmo substantivo, eles aparecem na seguinte ordem: opinião (*beautiful*, *bad*), tamanho (*big*, *small*), idade (*young*, *old*), cor (*red*, *blue*), origem (*Korean*, *Canadian*). Por exemplo:

a beautiful, big, Korean restaurant

Como é/está...?
Para saber a descrição de algo, pergunte *What's it like?* (sing.) ou *What are they like?* (pl.).

Exemplos
What's the weather like? It's snowing.
What's Vietnam like? It's a beautiful country.
What are your parents like? They're very nice.

Atividade A
Relacione cada pergunta à imagem que a representa.

1 What does it taste like?

2 What does it look like?

3 What does it feel like?

4 What does it smell like?

5 What does it sound like?

Atividade B
Coloque as frases na ordem correta.

1 ball a red big

   a big red ball

2 sunny a beautiful day

   _____

3 tall young boy a

   _____

4 French car a fast

   _____

Sua vez
Forme frases com os adjetivos que você conhece, colocando-os na ordem correta.

Clima e temperatura   Unidade 6   57

LIÇÃO 5
What do you do?

Acompanhe a entrevista com Kevin Karrigan, um famoso jogador de futebol. O que Kevin gosta de fazer? O que ele gosta de vestir em cada estação do ano?

Entrevista

Reporter What do you usually do in the summer?

Kevin In summer I play soccer, I swim and I run.

Reporter Do you travel in the summer?

Kevin Yes, I often travel in the summer. I like travelling. It's fun. In winter I stay in the U.S. and in summer I travel to Spain.

Reporter In summer you don't need many clothes, only shorts, a t-shirt and sandals but in winter you need to wear more.

Kevin That's right. It's cold in winter in New York and I wear a hat, a scarf, a coat and gloves.

Reporter Look at this photo. You are with your family. What are you doing?

Kevin We're playing in the snow.

Atividade A
Complete o esquema abaixo com as atividades que Kevin pratica no verão.

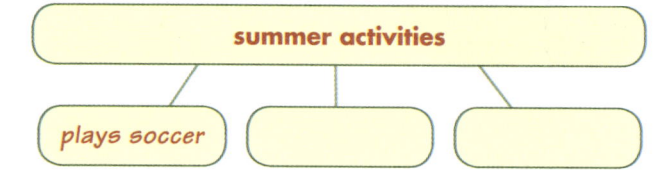

- **summer activities**
  - plays soccer
  -
  -

Complete o esquema abaixo com as roupas que Kevin usa no inverno.

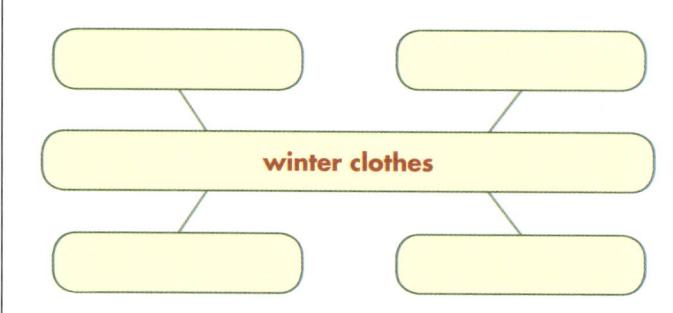

- **winter clothes**

Atividade B
Complete as frases a seguir, relacionadas a Kevin.

1 Kevin swims, runs and ___plays soccer___ in the summer.

2 In the winter Kevin stays in _____.

3 Kevin travels in the _____.

4 Kevin wears a jacket in the _____.

DICA CULTURAL
O que o restante do mundo chama de *football*, os norte-americanos chamam de *soccer*. Eles usam a palavra *football* para se referir ao futebol americano.

Unidade 6 — Clima e temperatura

LIÇÃO 6

Frases úteis

Frases essenciais

What do you usually do?
What are you doing?
I play football.
I like travelling.
In the summer, I usually…

It's fun.
It's boring.
That's right.
You need to…

Atividade A

O que você acha? Use *it's fun* ou *it's boring* para dizer se você acha as atividades representadas nas figuras divertidas ou chatas.

1

2

3

4

Atividade B

O que você diz quando quer…

1 perguntar a alguém o que ele(a) está fazendo?

   What are you doing?

2 perguntar a alguém o que ele(a) geralmente faz no verão?

   _____

3 dizer o que você costuma fazer no inverno?

   _____

4 dizer a alguém se ele(a) está certo(a)?

   _____

DICA

Tenha cuidado com os gerúndios. Eles parecem verbos, mas são substantivos. Os gerúndios se referem a atividades.

I am reading right now. (*am reading* = verbo)
Reading is fun. (*Reading* = substantivo)
John is travelling in India. (*is travelling* = verbo)
I like travelling. (*travelling* = substantivo)

Sua vez

Escreva algumas atividades que você considera divertidas e outras que considera entediantes.

fun activites	boring activities
_____	_____
_____	_____
_____	_____

Clima e temperatura — Unidade 6

LIÇÃO 7
Palavras úteis

Palavras essenciais

Clothes

coat
gloves
hat
jacket
sandals
scarf
shoes
shorts

Seasons

winter
spring
summer
fall (Am.)/autumn (Brit.)

Activities

to run
to swim
to travel
to wait
to walk
to wear

Atividade A
Escreva a palavra que corresponde a cada figura.

1. shoes
2. _____
3. _____
4. _____

Atividade B
Relacione as palavras abaixo às estações do ano, representadas nas imagens.

> winter   spring   summer   fall

1. fall
2. _____
3. _____
4. _____

Atividade C
Que roupas as pessoas usam em cada estação? Use as palavras essenciais e acrescente outras palavras que você conheça. As pessoas usam algumas peças, como o *hat*, em mais de uma estação do ano.

1. winter — hat
2. spring — _____
3. summer — hat
4. fall — _____

Unidade 6   Clima e temperatura

LIÇÃO 8 — Gramática

O Passado Simples (*Simple Past Tense*)

Os verbos regulares no Passado Simples terminam em *–ed*.

to play
I   played
you (sing.) played
he/she/it   played
we   played
you (pl.)   played
they   played

O Passado Simples indica uma ação que aconteceu no passado (antes de agora). As expressões de tempo a seguir são frequentemente usadas com o Passado Simples:

yesterday
two days/nights ago
last night
last week
last year
last Monday
in 2006

Atividade A
Coloque as frases a seguir no Passado Simples.

1. Now Mary works in London, but last year she ____*worked*____ in Paris.

2. This year we play football, but last year we _____ baseball.

3. Now I like coffee, but before I _____ tea.

4. It looks bad now, but it _____ really good when it was new.

Formas negativa e interrogativa no Passado Simples

Frases negativas são formadas com o verbo auxiliar *did* (o passado simples de *do/does*), seguido por *not* (*didn't*) e um verbo principal em sua forma básica.

I didn't go to school yesterday.
She didn't travel to Asia last year.
We didn't play soccer last week.

Frases interrogativas são formadas com o verbo auxiliar *did*, seguido por um verbo principal no infinitivo.

Did you see him last night?   Yes, I did.
Did he work last weekend?   No, he didn't.
Did they go shopping?   No, they didn't.
Did she buy a new hat?   Yes, she did.

Atividade B
Formule as perguntas corretas para as respostas a seguir.

1. ____*Did they walk to school?*____
   Yes, they walked to school.

2. _____
   No, they didn't finish their homework.

3. _____
   Yes, they needed some money.

4. _____
   No, she didn't call.

Atividade C
Responda às questões a seguir.

1. Did you finish the cake? No, ____*I didn't finish the cake.*____

2. Did she call John? Yes, _____

3. Did they speak English? No, _____

4. Did they wait for you? Yes, _____

5. Did he need to leave? No, _____

6. Did they walk here? Yes, _____

Unidade 6 — Revisão

Atividade A
Como está o tempo? Observe as imagens e responda.

1. _It's raining._
2. _____ 
3. _____ 
4. _____ 

Atividade B
Encontre os temas relacionados ao clima e às estações do ano no caça-palavras.

```
A P E V Z L Z S C S H K W S J
X U L A C H A Q U E T A W U V
Q P T C X Q Z M K D Y D P M C
F D S U A P R A I N V E R M E
X D W B M N A B R Z E K P E S
Q Á L I L N N O L E A D O R T
F Q R A T E M P E R A T U R E
P Z E Z Q T Y M Q A W P E H R
Y E T T V D E E I D Y D L L F
A I N Z N A R R G Q J N J K W
B K I I Z R H R S P R I N G D
S Q W O N S S N U S J R F U U
I T Y T A E Á R D B X L Q X S
```

Atividade C
Formule a pergunta que combina com a resposta.

1. What _does it feel like_? It feels cold.
2. What _____? It tastes good.
3. What _____? It smells bad.
4. What _____? It looks nice.

Atividade D
What is Petra thinking? Petra convidou alguns amigos para jantar em sua casa esta noite. Ela está pensando em tudo o que fez e no que ainda precisa fazer. Complete os pensamentos dela.

> Did I invite Jorge and Juana?
> Yes, I _____ them.

> Did I call Leslie?
> No, I _____. I need to call her now.

> _____ finish cooking the food?
> Yes, everything is ready!

Desafio
Olhe à sua volta. Você poderia descrever o clima? Poderia dizer quais atividades gostaria de fazer hoje?

Exemplo: Está chovendo, então eu gostaria de ler um livro.

Atividade na internet
Como está o tempo na Grã-Bretanha, no Canadá ou na Austrália? Acesse **www.berlitzpublishing.com** para encontrar uma lista de sites de previsão do tempo em inglês. Então, você pode descobrir como está o tempo em Londres, Toronto e Brisbane.

Clima e temperatura

Unidade 7 — Compras

Nesta unidade você aprenderá:
- o vocabulário relacionado a compras e formas de pagamento.
- a pedir roupas e diferentes tamanhos nas lojas.
- a fazer comparações.
- os verbos *to try* e *to put on*.
- a usar *much* e *many*, *how much* e *how many*.

LIÇÃO 1 — At the department store

Diálogo

Ann está em uma loja de departamentos procurando um vestido. Ouça a conversa entre ela e o vendedor.

Salesperson Hello. Can I help you?
Ann I'm looking for a summer dress.
Salesperson Here are some summer dresses. What size are you looking for?
Ann Medium, please.
Salesperson And which color would you like?
Ann I'd like a blue dress.
Salesperson This dress is very pretty. Would you like to try it on?
Ann Yes, please.

Atividade A

Circule a imagem correta.

1. Que peça de roupa Ann está procurando?
   a   b   c

2. Que tamanho Ann quer?
   a (small)   b (medium)   c (large)

3. Que cor Ann experimenta?
   a   b   c

Atividade B

Escreva as perguntas feitas pelo vendedor que estão de acordo com as respostas de Ann.

1. *Can I help you?*
   I'm looking for a summer dress.

2. _____
   Medium, please.

3. _____
   I'd like a blue dress.

4. _____
   Yes, please.

LIÇÃO 2
Frases úteis

Frases essenciais

Can I help you?
I'm looking for…
I want to buy…
What size are you looking for?
I need a size…
I need a medium./I'm a medium.
Do you want to try it on?
I'll try it on.
The shirt is too big/small/tight/loose for me.
Anything else?

Atividade A
Escolha a resposta correta.

1   Hello. Can I help you?
a I'm looking for a dress.
b The dress is too small.

2   What size do you need?
a I need a large, please.
b I'd like to buy a coat.

3   Would you like to try it on?
a Yes, please.
b It's too big.

4   Is there anything else?
a I'd also like a shirt, please.
b I'd like red, please.

Atividade B
Responda às perguntas usando as frases que você acabou de aprender.

1   Can I help you?
   I'm looking for a shirt.
   Diga que você está procurando uma camisa.

2   What size?
   _____
   Diga que você precisa do tamanho médio.

3   Anything else?
   _____
   Diga que você quer comprar um casaco.

4   What color coat would you like?
   _____
   Diga que você gostaria de um casaco vermelho.

DICA
Nós aprendemos que *too* significa *também*. Quando *too* é posicionado antes de um adjetivo, ele possui um sentido negativo: *It's too big* = Está muito grande (e isso é um problema).

LIÇÃO 3

Palavras úteis

Palavras essenciais

Clothes

coat
dress
a pair of pants (Am.)/trousers (Brit.)
shirt
shoes
skirt
socks
sweater (Am.)/jumper (Brit.)
t-shirt
tie

Sizes

small
medium
large
extra large

Cores – Colors (Am.)/Colours (Brit.)

black
blue
green
pink

purple
red
white
yellow

Atividade A

Escreva o nome de cada peça de roupa.

1 ___t-shirt___
2 _____
3 _____
4 _____
5 _____

Atividade B

Leia cada frase e circule o item que você está procurando.

1 I'm looking for a pink blouse.

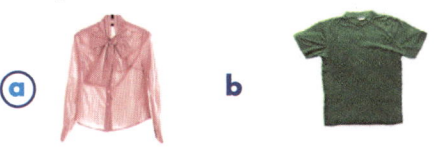

2 I'm looking for a red dress.

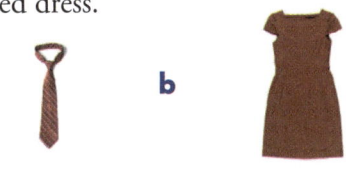

3 I'm looking for a large t-shirt.

4 I'm looking for a black coat.

DICAS CULTURAIS

- Às vezes, as palavras são grafadas de maneiras diferentes no inglês norte-americano e no inglês britânico (*color* no inglês norte-americano = *colour* no inglês britânico). Às vezes as palavras são diferentes.

  A palavra *trousers* é usada no inglês britânico, e *pants* é usada no inglês norte-americano (tenha cuidado: no inglês britânico, *pants* significa roupa íntima masculina!).

- Palavras que indicam roupas com duas pernas, como *trousers*, *shorts*, *pajamas*, *pants* e *tights* sempre ficam no plural em inglês.

DICA CULTURAL

Os tamanhos das roupas são diferentes na Grã--Bretanha e nos Estados Unidos. Consulte a página 117 para verificar as tabelas norte-americana e britânica de tamanhos.

LIÇÃO 4
Gramática

Verbos frasais

Os verbos frasais são também chamados de "verbos de duas palavras" (*two-word verbs*) porque possuem duas partes: um verbo e uma preposição. Ao ser somado à preposição, o verbo adquire um significado diferente daquele de quando aparece sozinho.

to put significa colocar:
   I put my book on my desk.

to put on significa vestir-se:
   I always put on my socks before I put on my shoes.

to try significa tentar fazer algo:
   I tried to ski, but it was too difficult.

to try on significa experimentar uma roupa para ver se ela serve:
   I tried on a dress, but it was too big.

to take off significa tirar a roupa/o calçado:
   I took off my shoes when I got home.

to pick out significa escolher que roupa vestir:
   Nancy picked out a green blouse to wear with her black pants.

DICA

Em inglês, *much* vem antes de substantivos incontáveis, e *many* vem antes de substantivos contáveis. Assim, *much* e *many* significam *a lot of/lots of*. Usa-se *a lot of/lots of* em sentenças afirmativas: *Juanita has a lot of shoes.*

A lot of/lots of, *much* e *many* são todos usados em frases negativas e interrogativas: *Gita doesn't have a lot of/much food in the house, so she needs to go shopping. Do you have a lot of/many ties?*

Use *how much?* para perguntar preços: *How much does that dress cost?*

Atividade A
Complete as perguntas usando as preposições corretas.

1. Can I try ____on____ this dress please?
2. Did you put _____ the red tie?
3. Did she pick _____ the bag?
4. Can you help me take _____ these boots, please?

Atividade B
Complete as perguntas usando *much* para substantivos incontáveis ou *many* para substantivos contáveis.

1. How ____many____ pairs of shoes do you have?
2. How _____ water do you drink every day?
3. How _____ children do you have?
4. How _____ time do you have?
5. How _____ dresses do you have?

Atividade C
Responda às perguntas dizendo que você tem apenas uma pequena quantidade: *Do you have any milk? Yes, but I don't have much. Do you have any potatoes? Yes, but I don't have many.*

1. Do you have any water?
   Yes, but ____I don't have much____.

2. Do you have any cheese?
   Yes, but _____.

3. Do you have any bananas?
   Yes, but _____.

4. Do you have any juice?
   Yes, but _____.

5. Do you have any vegetables?
   Yes, but _____.

6. Do you have any oranges?
   Yes, but _____.

LIÇÃO 5: How will you pay?

URBANWEAR
Visit UrbanWear for the summer sales!
Prices reduced by 50% on all the Creativ' summer fashions.
Yes, fifty per cent! Top designs at the lowest prices.
Get 40% off jackets designed by McCarthy.
Top fashions for less!

CHICWEAR
Visit ChicWear for the summer sales!
Get 20% off all the Creativ' summer fashions.
Top fashion for less money!
Get 30% off jackets designed by McCarthy.
Top designs at the lowest prices.

Como você deseja pagar?
Observe o anúncio da loja UrbanWear.

— Is tax included?
— Yes, all the prices include tax. We don't take credit cards, I'm afraid.

— Is tax included?
— No, tax is not included. We take credit cards, of course.

Agora observe o anúncio da ChicWear. Repare nas diferenças entre este anúncio e o anterior.

- summer sales
- prices
- tax
- reduced
- lowest prices
- get 30% off
- jackets designed by...
- top fashions
- less expensive
- cheap
- money

Atividade A

Circule a resposta correta. Utilize o anúncio da UrbanWear como auxílio.

1. Qual é a promoção de verão da Creativ?
   - a 40% de desconto
   - b 50% de desconto
2. Qual é a promoção das jaquetas UrbanWear?
   - a 40% de desconto
   - b 50% de desconto
3. Quando é a liquidação?
   - a na primavera
   - b no verão

Atividade B

Compare os dois anúncios e circule a resposta correta.

1. Quem está promovendo a melhor liquidação?
   - **(a) UrbanWear**
   - b ChicWear
2. A promoção das jaquetas McCarthy está melhor ou pior na UrbanWear?
   - a melhor
   - b pior
3. Os impostos estão inclusos nos preços da ChicWear?
   - a sim
   - b não
4. A ChicWear aceita cartões de crédito?
   - a sim
   - b não

DICA

Nos Estados Unidos, um dólar (*dollar*) ($1) é dividido em 100 centavos (*cents*). Há 100 centavos em um dólar.

Na Grã-Bretanha, uma libra (*pound*) (£1) é dividida em 100 *pence* (plural: *pence*; singular: *penny*/pêni). Há 100 *pence* em uma libra.

Compras · Unidade 7

LIÇÃO 6

Frases úteis

Frases essenciais

Do you accept credit cards/checks (Am.)/cheques (Brit.)?
Yes, we accept…
How much is the skirt?
How much are the pants (Am.)/trousers (Brit.)?
It's cheap/They're cheap!
That's (too) expensive!/That's not expensive!
I'll pay by credit card.
Here's your change/receipt.
I want to buy it.
I want to buy them.
I'm just looking.

Atividade A

O que você diz quando quer…

1. perguntar se a loja aceita cartões de crédito?
   Do you take credit cards?

2. perguntar quanto custa uma saia?
   _____

3. perguntar se a loja aceita cheques?
   _____

4. dizer que vai pagar com cartão de crédito?
   _____

5. perguntar o preço de uma calça?
   _____

6. dizer que quer comprar uma saia?
   _____

Atividade B

Observe cada imagem e escolha a melhor expressão.

>   expensive   cheap

1. They're ____*expensive*____.

2. It's _____.

3. It's _____.

4. They're _____.

DICA CULTURAL

Os norte-americanos com frequência perguntam *Do you take credit cards?*, em vez de optar pela composição mais formal *Do you accept credit cards?*

Unidade 7 Compras

LIÇÃO 7
Palavras úteis

Palavras essenciais
cash
change
coin
credit card
money
receipt
tax (Am.)/VAT (Brit.)
wallet

Atividade A
Use as imagens para completar as frases.

1 Do you take _____?

2 Can I pay with a _____?

3 Here's your _____.

Atividade B
Preencha os espaços com *much* ou *many* na conversa entre Pooja e James.

Pooja I want to buy those dresses but I don't have ___*much*___ money. How about you?

James I don't have _____ money but I've got five credit cards.

Pooja Really? I haven't got _____ credit cards but I've got some cash and a check book.

James How _____ cash do you have?

Pooja I have $78 in cash.

James Good. I think we have enough to pay for some dresses. How _____ dresses do you want?

Sua vez
Responda às perguntas sobre o dinheiro no seu país.

1 What kind of money is used in your country? Pesos, yuan, won, rupees?
   _____

2 Do people in your country usually pay with cash or credit cards?
   _____

3 Do people in your country pay sales tax?
   _____

> **DICA**
> Observe que, em inglês, você paga *with* a credit card, *by* check e *in* cash.

Compras   Unidade 7

LIÇÃO 8 — Gramática

Mais do que (More than), menos do que (Less than)

More... than e *less... than* comparam duas coisas.

more than >
less than <

Exemplos
I have *more* money *than* Julie.
Julie has *less* money *than* me.
The coat coasts *more* (money) *than* the tie.
The tie costs *less* (money) *than* the coat.

Atividade A

Compare as peças de roupa e diga qual custa mais e qual custa menos. Preencha os espaços com *more than* ou *less than*.

1. The dress costs __more than__ the shirt.
2. The pants cost _____ the jacket.
3. The shirt costs _____ the jacket.
4. The jacket costs _____ the pants.

$100
$20
$45
$60

Pronomes indefinidos

Na Unidade 4, vimos que o artigo indefinido *some* se torna *any* em uma frase negativa ou interrogativa. Eis alguns pronomes que seguem a mesma regra:

someone (somebody)
anyone (anybody)
something/anything

Exemplos
I know someone from Canada.
Do you know anyone from New Zealand?
No, I don't know anyone from there.

Quando *else* é acrescentado a essas formas, significa *other* (outro, mais): *someone else, anything else*.

Do you want just the coat or would you like to try on anything else? Maybe a blouse?
Is that your cousin Marco? No, it's not him. It's someone else.

Atividade B

Circule o pronome indefinido correto em cada frase.

1. Does **anyone**/**anything** want to eat?
2. **Anybody/Someone** here speaks Chinese.
3. Do you want **anything/someone** to eat?
4. Did you buy **anything/somebody** else?

> **DICA**
> Para dizer que duas coisas são idênticas (iguais), você pode dizer *the same as...*
> The same as =
> *The shirt costs the same as the pants.*

Unidade 7 — Revisão

Atividade A
Complete a conversa entre Simon e o vendedor com *much* ou *many*.

Simon Hello, I'd like to look at that blue shirt. How ___*much*___ is it, please? And do you have the shirt in any other color?

Salesperson It's $25. Yes, we have several colors.

Simon How _____ colors do you have?

Salesperson There are four colors. Red, yellow, blue and green.

Simon I'd like two green shirts, three blue shirts and one red shirt, please!

Salesperson Sorry, how _____ blue shirts do you want?

Simon I want three, please.

Salesperson That's a lot of shirts. Are they for you?

Simon No, they're for my cousins. How _____ is that altogether, please?

Salesperson That's $150, please. How would you like to pay?

Simon With a credit card.

Atividade B
Diga em voz alta quais peças de roupa são mais caras e quais são mais baratas. Em seguida, escreva duas frases usando *more than* e *less than*.

1. $ 21 / $ 30
2. $ 40 / $ 60
3. $ 160 / $ 90
4. $ 15 / $ 20

Atividade C
A partir das fotos, complete a cruzadinha com a palavra em inglês correta.

ACROSS (horizontal)
1.
2.
3.
4.

1 across: C H E C K S

DOWN (vertical)
5.
6. S
7.
8.

Atividade na internet
Acesse **www.berlitzpublishing.com** para verificar uma seleção de lojas de roupas on-line. Examine cada site para ver o que eles oferecem. Aproveite a oportunidade para descobrir novas palavras relacionadas a roupas.

Compras — Unidade 7

Unidade 8 — Viagens e férias

Nesta unidade você aprenderá:
- a pedir informações sobre direções.
- a descobrir diferentes localizações geográficas.
- a conversar sobre planejamento de viagem.
- verbos irregulares no Passado Simples (Simple Past Tense).
- o Futuro Simples (Simple Future Tense) com *be going to* e *will*.

LIÇÃO 1 — Where's the station?

Diálogo

Muhammad e Amina estão visitando Nova York pela primeira vez. Eles estão tentando encontrar o caminho até o Centro de Informações Turísticas da Times Square. Ouça-os discutindo sobre qual caminho seguir.

Muhammad Look, we're here in Central Park. How do we get to the Tourist Information Center?

Amina Look at the map. Times Square is in Midtown West near Broadway. We can take the bus or the subway.

Muhammad But we're not very far, you know. Let's walk there.

Amina But the subway is just over there in front of the post office.

Muhammad No, let's walk. Then we can see the streets and buildings in New York. I want to see the buildings and the shops.

Amina OK. Let's go!

> **DICA**
> *Let's …* é frequentemente usado para sugerir a outra pessoa que você quer fazer algo junto com ela. A outra pessoa está livre para aceitar ou recusar a sua sugestão. Por exemplo:
> *Let's walk to Times Square. Let's get directions.*

Atividade A

Relacione cada verbo à sua imagem.

    take   walk   fly

1 _____

2 _____

3 _____

Atividade B

Responda às perguntas.

1 Onde Muhammad e Amina estão?
   They're in Central Park in New York.
2 Aonde eles querem ir? _____
3 Como eles podem chegar lá? _____
4 Amina prefere caminhar? _____

LIÇÃO 2

Palavras úteis

Atividade A
Identifique cada imagem com a palavra correta em inglês.

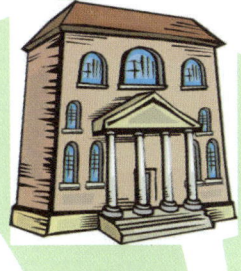

library
onde você pega livros emprestados

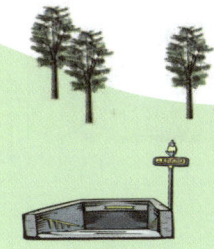

_____
onde você pega o metrô

_____
onde você aprende

_____
onde você reza

_____
onde você pega o trem

_____
onde você espera o ônibus

_____
onde você posta cartas

_____
onde você compra comida

Palavras essenciais

Places
bus stop
church
library
post office
school
subway (Am.)/underground
   station (Brit.)
supermarket
train station
Tourism Information Center (Am.)/
   Centre (Brit.)

Locations
behind
far
in front of
near
next to
on/to the left
on/to the right
opposite (across from)
block
corner

Atividade B
Circule a localização de cada prédio.

1 The subway station is _____ of the library.
   a to the left   **b to the right** ✓

2 The school is _____ the train station.
   a far from   b near

3 The post office is _____ the supermarket.
   a across from   b next to

4 The bus stop is _____ the church.
   a across from   b next to

DICAS
- Para pedir informações sobre direções, use o verbo *to get to*: *Excuse me, how do I get to the station?*
- Para dar informações sobre direções, use o imperativo, que é o verbo em sua forma básica. O sujeito oculto *you* não é usado.
  Turn left/right. Go straight (Am.)/straight on (Brit.). Cross the street. Go past the church.

Viagens e férias — Unidade 8

LIÇÃO 3
Frases úteis

Frases essenciais

Where is…?
How do I get to…?
To get to…, take bus number…
I want to take the train/bus.
I want to take the subway (Am.)/underground (Brit.).
The train station is near the school.

Let's get a map.
Excuse me.
Thanks a lot.
You're welcome.

Atividade A
Escreva que você quer pegar os meios de transporte indicados em cada imagem. Em seguida, pergunte onde você pode encontrar o ponto ou a estação.

1. *I want to take the bus.*
   Where is the bus stop?

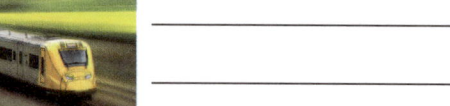

2. _____
   _____

3. _____
   _____

Atividade B
O que você diz quando quer…

1 perguntar onde fica a estação de trem?
   Where is the train station?

2 perguntar como se chega à estação de metrô?
   _____

3 dizer a alguém que a estação de trem fica perto da escola?
   _____

4 sugerir que você e seu(sua) amigo(a) comprem um mapa?
   _____

Atividade C
Uma turista pede ajuda a você para ir de Nova York a Boston. Ela precisa pegar o ônibus até a estação de trem e então pegar o trem. Explique a ela como chegar até o ponto de ônibus e que ela deve pegar o ônibus número 9 e descer na Penn Station. Diga a ela como chegar a Boston.

Tourist How do I get to Boston, please?
You Well, first *go to the bus stop across the street.*
_____
_____
_____

Sua vez
Você quer ir até o ponto de ônibus. Pergunte onde ele fica e como chegar lá.

LIÇÃO 4 — Gramática

DICA DE PRONÚNCIA
A pronúncia de *read* no Passado Simples parece ser a mesma do verbo em sua forma básica, mas ele deve ser pronunciado do mesmo modo que a cor *red*.

O Passado Simples (Simple Past Tense) dos verbos irregulares

Na Unidade 6, vimos que a formação do tempo verbal no Passado Simples dos verbos regulares é bastante fácil (acrescentar a terminação *–ed* para todas as pessoas). Os verbos irregulares, com exceção do verbo *to be*, também seguem uma única forma para todas as pessoas, mas não terminam em *–ed*.

Por exemplo: *to have* torna-se *had* no Passado Simples.

I have → I had
you (sing.) have → you had
he/she/it has → he/she/it had
we have → we had
you (pl.) have → you had
they have → they had

We had dinner at 7:30 PM last night.

to be
I am → I was
you (sing.) are → you were
he/she/it is → he/she/it was
we are → we were
you (pl.) are → you were
they are → they were

I was at home yesterday, but you were at work.

Outros exemplos:

buy → bought	know → knew
come → came	leave → left
do → did	read → read
eat → ate	say → said
find → found	see → saw
fly → flew	sleep → slept
go → went	take → took
get → got	tell → told
hear → heard	write → wrote

Consulte a página 120 para verificar uma lista com outros verbos irregulares no Passado Simples.

Atividade A
Complete a carta abaixo preenchendo as lacunas com verbos no Passado Simples. Alguns verbos são regulares, e outros, irregulares.

Dear Catalina,

Here I am in Canada. It ____was____ (be) a long journey but the weather is very nice. Yesterday I _____ (take) the plane at eight thirty and I _____ (arrive) here at ten o'clock in the morning. I _____ (go) to the hotel and _____ (go) to bed! I _____ (sleep) for one hour and then _____ (go) downtown. I _____ (see) a lot of interesting buildings and stores there. I _____ (buy) some postcards and _____ (eat) a hamburger and then I _____ (come) back to the hotel.

Love,
Pierre

Atividade B
Reescreva as frases do Presente Simples para o Passado Simples.

1. I eat breakfast at 8:00 AM.
   I ate breakfast at 8:00 AM.

2. Monica takes the bus.
   _____

3. Jung Yun is in Korea.
   _____

4. We have a nice hotel.
   _____

Viagens e férias — Unidade 8

LIÇÃO 5
Traveling

Chegadas e partidas

Florian escreveu um e-mail a Petra sobre sua viagem a Dublin, na Irlanda.

```
Date:     Tuesday April 13
From:     Florian
To:       Petra
Subject:  Dublin

Hi Petra!
Last month I went on vacation. I went to Dublin! I got the plane tickets, booked the hotel and packed my suitcase. I took flight number 124 and flew from Berlin to Dublin. The plane left Berlin at 11:30 AM and arrived in Dublin at 12:50 PM. I took the bus from the airport to the hotel.
Florian
```

DICA
Repare no uso das preposições no e-mail acima: *at* 11:30 AM, *to* Dublin, *to* the hotel, *in* Dublin, *from* the airport.

To representa movimento em direção a um lugar, *in* representa a localização dentro de uma área ou coisa, e *at* é usado para expressar tempo.

At também pode ser usado para representar um local: *at the train station, at my brother's office, at home, at the window.*

Atividade A
Circule a resposta correta.

1. Aonde Florian foi em suas férias?
   a) Dublin   b) Berlin
2. Quando ele saiu de Berlim?
   a) na semana passada   b) no mês passado
3. Quando o avião saiu de Berlim?
   a) 11h30   b) 00h50
4. Como ele foi do aeroporto ao hotel?
   a) de ônibus   b) de carro

Atividade B
Florian retornou a Berlim e enviou um e-mail a Petra sobre seu voo de volta para casa. Observe as informações abaixo e complete o e-mail de Florian.

ReganAir RA649

Departs	Time	Arrives	Time
Dublin International Airport	12:00 PM	Berlin International Airport	1:00 PM

```
Date:     Wednesday April 21
From:     Florian
To:       Petra
Subject:  flight home

Hi Petra,
Here is the information for my flight home.
It left Dublin at_____.
I arrived in Berlin at_____.
Florian
```

Unidade 8 — Viagens e férias

LIÇÃO 6
Palavras úteis

Palavras essenciais

airport
flight
luggage
passport
plane
suitcase
ticket
trip
vacation (Am.)/holidays (Brit.)

hotel
reservation/booking
stop/layover

DICAS

- No inglês norte-americano, *a holiday* significa um dia em que as pessoas não precisam trabalhar: *I like to travel during holidays*. Quando as pessoas viajam a passeio, dizemos: *they go on vacation* (Am.)/*go on holiday* (Brit.): *Bill and Carl went to San Francisco on vacation* (Am.)/*holiday* (Brit.) *last summer*.

- O planejamento detalhado de viagem, incluindo transporte (avião, trem, ônibus), datas e horas, reservas de hotéis e número planejado de dias em cada local é chamado de *itinerary*.

Atividade A

Trace uma linha para ligar cada palavra à sua imagem.

1 — a passport
2 — b ticket
3 — c plane
4 — d suitcase
5 — e airport

Atividade B

Use as palavras da atividade A para completar as frases.

1 You put your clothes in a __suitcase__ when you travel.
2 You can also call an *airplane* a _____.
3 You go to the _____ to get on a plane.
4 You need a _____ to travel internationally.
5 You buy a _____ to get on a plane or train.

Viagens e férias — Unidade 8

LIÇÃO 7
Frases úteis

Frases essenciais
How much does the flight cost?
A round trip (Am.)/return (Brit.) ticket costs $500.
What (or Which) is the departure gate?
What (or Which) is the arrivals gate?
When is the next flight to Sydney?

Atividade A
O que você diz quando quer…

1 dizer a seu(sua) amigo(a) que seu voo chegou às 12h30?
   My flight arrived at 12:30 PM.

2 perguntar onde fica o portão de embarque?
   _____

3 perguntar quanto custa a passagem?
   _____

4 dizer a seu(sua) amigo(a) que você quer ir a um bom hotel?
   _____

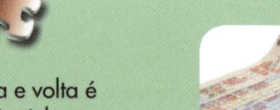

DICA CULTURAL
Uma passagem de ida e volta é chamada de *round trip ticket* nos Estados Unidos e de *return ticket* na Grã-Bretanha. Uma passagem só de ida é chamada de *one-way ticket* nos Estados Unidos e de *single ticket* na Grã-Bretanha.

DICA DE PRONÚNCIA
Em inglês, o *gh* geralmente não é pronunciado se vier após uma letra *i*: *night* [naïtt], *flight* [flaïtt]. Às vezes, ele soa como um *f*: *laugh* [laff], *enough* [inaff].

Atividade B
Armanda está diante do guichê de venda de passagens perguntando a respeito do próximo voo disponível para Sidney. Circule as respostas corretas para as perguntas dela.

1 When is the next flight to Sydney?
   a The flight leaves at 8 o'clock.
   b The flight arrives at 8 o'clock.

2 How much does the ticket cost?
   a The plane leaves soon.
   b It costs $800 for a round-trip ticket.

3 Where is the arrival gate?
   a Gate 5.   b I'm sorry, you can't go.

Atividade C
Observe o painel de partidas abaixo e responda às perguntas.

DEPARTURES		
Time	Destination	Flight
4:15 pm	Dallas	EZY5258
4:35 pm	Los Angeles	EZY5259
5:00 pm	New York	MZY448058
5:00 pm	Miami	VZX7250
5:20 pm	Memphis	VZX7251
5:25 pm	Seattle	LNN4432

1 When was the flight to Seattle?
   The flight to Seattle was at 5:25 PM.

2 Which flight departed at 4:35PM?
   _____

3 Where did flight VZX7250 arrive?
   _____

4 When was the flight to Memphis?
   _____

Sua vez
Imagine que você trabalha para a British Airways. Anuncie o próximo voo para Nova York: voo 1699, com partida às 10h23 e chegada às 13h30.

LIÇÃO 8
Gramática

O Futuro Simples

Este tempo verbal representa uma ação que vai acontecer no futuro (depois de agora). Tanto o verbo modal *will* como *be going to* + verbo principal em sua forma básica são formas do Futuro Simples.

Will é frequentemente contraído: *I'll see you soon. We'll have a nice time in Rome.*

Exemplos

Giang and I <u>are going to</u>/<u>will</u> travel to Scotland tomorrow morning.
<u>She's going to</u>/<u>She'll</u> take the train at 9:00 AM.
<u>We're going to</u>/<u>We'll</u> arrive next Thursday.

> **DICA**
>
> As expressões de tempo a seguir costumam ser usadas com o Futuro Simples:
>
> in two days/2025/three minutes
> next week/month/year/Tuesday
> soon
> tomorrow
> tomorrow morning/afternoon/evening/night

Atividade A
O que você diz quando quer…

1. dizer a seus pais que você desembarcará pelo Portão 10? _My flight will arrive at Gate 10._
2. perguntar quando o seu voo partirá? _____
3. perguntar a seus amigos para onde eles vão nas férias? _____
4. dizer à sua irmã que você a encontrará na estação de trem? _____

> **DICAS**
>
> - Use o verbo modal *will* quando você estiver 100% seguro quanto a uma ação futura. Use os verbos modais *may* e *might* quando você estiver 50% seguro: *I definitely will go to Spain next summer, but I'm not sure which city to visit. I may/might go to Barcelona or I may/might go to Granada. I'll decide on Saturday.*
> - No inglês britânico, o verbo modal *shall* também é usado quando você está 100% seguro quanto a uma ação futura: *I shall have you over to my house for tea very soon.*

Atividade B
Escreva sobre o que você pode/poderia fazer no próximo fim de semana.

Next weekend I might _____

> **DICA**
>
> Às vezes, o Presente Simples e o Presente Progressivo também representam o futuro. O Presente Simples é usado para horários: *My plane leaves at 10:25 PM.* O Presente Progressivo é usado para planos futuros: *I'm visiting Paris next year.*

Atividade C
Circule a resposta correta.

1. Qual frase se refere ao futuro?
   a. Brigitte's bus leaves at 8:30 every morning.
   b. Brigitte's bus leaves at 8:30 tomorrow morning.

2. Qual frase se refere ao presente?
   a. I'm having dinner at the restaurant soon.
   b. I'm having dinner at the restaurant right now.

3. Qual frase se refere ao presente?
   a. We're traveling to Vietnam next spring.
   b. We're traveling in Vietnam, and it's very hot today.

4. Qual frase se refere ao futuro?
   a. I need to go to the airport in a few minutes because my flight leaves in two hours.
   b. I always go to the airport two hours before my flight leaves.

Viagens e férias Unidade 8

Unidade 8 — Revisão

Atividade A
Complete as frases com verbos no Passado Simples. Alguns verbos são regulares e outros, irregulares.

1. Yesterday, we ___*went*___ (go) shopping.
2. We _____ (walk) to our favorite store.
3. We _____ (look) at the clothes on sale.
4. He _____ (buy) three shirts on sale.
5. They _____ (get) a pair of shoes.
6. You _____ (be) very happy!

Atividade B
As palavras das frases abaixo se misturaram. Tente colocá-las na ordem correta para completar o roteiro de Tony. A primeira e a última frases já estão corretas.

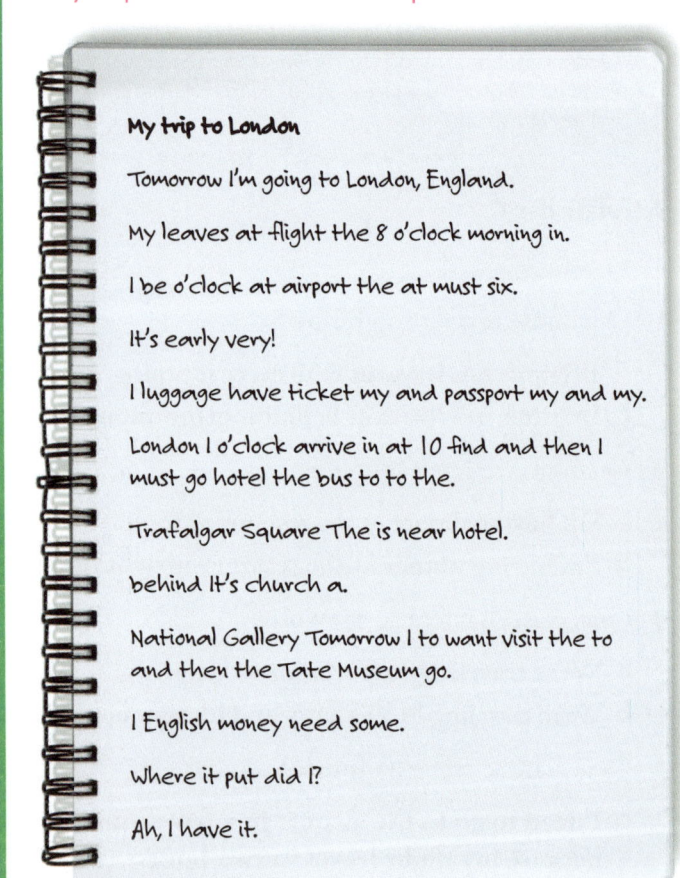

My trip to London

Tomorrow I'm going to London, England.

My leaves at flight the 8 o'clock morning in.

I be o'clock at airport the at must six.

It's early very!

I luggage have ticket my and passport my and my.

London I o'clock arrive in at 10 find and then I must go hotel the bus to to the.

Trafalgar Square The is near hotel.

behind It's church a.

National Gallery Tomorrow I to want visit the to and then the Tate Museum go.

I English money need some.

Where it put did I?

Ah, I have it.

Atividade C
Circle a resposta correta.

1. Tomorrow I _____ go to the library.
   - **ⓐ will**
   - b don't
2. Last weekend we _____ to a museum.
   - a went
   - b are going
3. Next Tuesday Sharon and Pete _____ to Brazil.
   - a are going to fly
   - b flew
4. Two weeks ago my brother and sister _____ lunch together.
   - a are eating
   - b ate

Desafio
Complete a tabela de verbos irregulares abaixo.

bring	brought
see	
	wore
read	
	paid
put	
	flew
speak	
	wrote
swim	
	cost

Atividade na internet
Acesse **www.berlitzpublishing.com** para procurar o voo mais barato a Nova York na data de sua escolha. Você precisará responder a algumas perguntas: *Where are you leaving from?* (De onde você está partindo?) *What is your departure date?* (Qual é a data de sua partida?) *What is your return date?* (Qual é a data de seu retorno?) *What time is the flight?* (A que horas é o voo?) *How much is the flight?* (Quanto custa o voo?)

Unidade 9 Profissões

Nesta unidade você aprenderá:
- a descrever e a comparar as profissões.
- a usar frases interrogativas no Futuro Simples com *will*.
- a preencher uma proposta de emprego.
- a conversar sobre sua profissão.

LIÇÃO 1 — Job interview

Diálogo

Rose está sendo entrevistada para um emprego no jornal *Daily News*. Ouça as respostas de Rose sobre o seu emprego anterior.

Employer Where have you worked?
Rose I worked for a magazine, *The Weekly World*.
Employer Did you write articles for the magazine?
Rose Yes, I wrote several articles.
Employer What subjects did you write about?
Rose I wrote about popular culture. Here are some of the articles.
Employer These articles are very good! You have the job.
Rose Thank you very much! When can I start?
Employer Next Monday. I'll see you on Monday at 9 o'clock.

DICAS

- Para formar frases negativas no futuro, *will* será seguido de *not* (I will not work on Sunday.). *Will not* geralmente é abreviado para *won't* (I won't go on a job interview tomorrow.).
- Para formular perguntas com *will*, posicione-o antes do sujeito e do verbo principal em sua forma básica: *Will you look for a new job? Yes, I will./No, I won't. Will Rose start her new job on Monday? Yes, she will./No, she won't.*

Atividade A
Circule a resposta correta.

1. Onde Rose trabalhou?
   a. for a newspaper **b. for a magazine**
2. O que Rose fazia em seu emprego anterior?
   a. She wrote articles. b. She made TV programs.
3. O que Rose mostra ao entrevistador?
   a. photos b. articles
4. Rose consegue o emprego?
   a. yes b. no

Atividade B
Escolha uma palavra do quadro para completar cada frase.

> wrote   popular culture   will start   worked

1. Rose ____worked____ for a magazine.
2. Rose _____ articles for a magazine.
3. She wrote articles about _____.
4. Rose _____ on Monday at 9 o'clock.

Atividade C
Responda às perguntas.

1. Will Rebecca work for a magazine? Yes, she ____will____.
2. Will Leon get the job? No, he _____.
3. Will Jim and Roger arrive on time? Yes, _____.
4. Will Sally meet her boss for lunch? No, she _____.

LIÇÃO 2
Palavras úteis

Palavras essenciais

classroom
job
journalist
magazine
newspaper
office
student
teacher

article
employer

DICAS

- Alguns nomes de profissões mudaram em inglês. No passado, as pessoas diziam *salesman* e *saleswoman*, mas atualmente diz-se *salesperson*.

  fireman → *firefighter*
  mailman → *mail carrier*
  policemen/policewomen → *police officers*

- Para falar sobre a profissão ou função de uma pessoa, use o artigo indefinido: *I'm a doctor. She's a student. He's a cook.* Não use o artigo nos plurais: *They're journalists. We're salespeople. You're writers.*

Atividade A
Quais palavras essenciais se referem à escola? Quais se referem ao trabalho?

School	Work
classroom	

Atividade B
Responda às perguntas sobre você.

1 Are you a student? If yes, where do you go to school?
   _____
   _____

2 Are you working? If yes, where do you work?
   _____
   _____

Atividade C
Nomeie cada figura com a palavra e o artigo corretos em inglês.

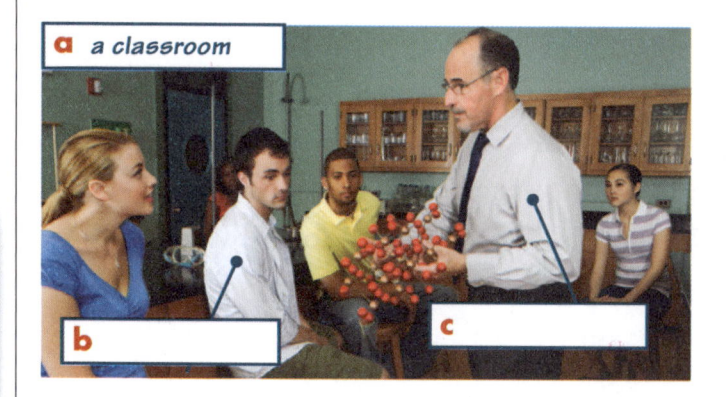

a *a classroom*
b
c

a
b
c

LIÇÃO 3 — Frases úteis

Frases essenciais

What do you do (for a living)?
I'm a journalist.
I'm a teacher.
What do you want to do later on in life?
I want to be a teacher.
You've got the job.

Atividade A

What do you do for a living? Complete as frases para dizer a profissão de cada pessoa.

1 I'm __a teacher__   2 I'm _____

What do you want to do later? Observe as imagens e diga o que estas pessoas querem fazer no futuro.

3 _____   4 _____

Atividade B

O que você diz quando quer…

1 perguntar a alguém qual é sua profissão?
   __What do you do (for a living)?__

2 dizer que você é jornalista?
   _____

3 perguntar a alguém o que quer fazer no futuro?
   _____

4 dizer que você quer ser professor(a)?
   _____

5 dizer que você é um(a) vendedor(a)?
   _____

Sua vez

Imagine que você seja um(a) jornalista. Você encontra um professor. Faça-lhe as seguintes perguntas: O que e onde ensina? Qual é a idade de seus alunos? Do que gosta e do que não gosta em sua profissão? Quando decidiu ser professor? Escreva as suas perguntas e respostas.

Profissões — Unidade 9

LIÇÃO 4
Gramática

O Presente Perfeito (*Present Perfect*) com verbos regulares no particípio (*Past Participles*)

O tempo do Presente Perfeito representa uma ação que se iniciou no passado e continua acontecendo no presente.

Para formar o Presente Perfeito, use *have/has* e o Particípio Passado do verbo principal. Os verbos regulares no Particípio Passado têm a mesma forma que os verbos do Passado Simples e terminam em *–ed*: *Elena and Eduardo have studied English since 2007*. Os pronomes pessoais e *have/has* frequentemente aparecem contraídos: *I've lived in Mexico City for five years.*

Para formular frases negativas, *have/has* são seguidos pela palavra *not* e geralmente são contraídos: *Fabio hasn't worked as a firefighter for five years.*

Para formular perguntas de resposta sim/não, insira *have/has* antes do sujeito e do verbo principal: *Have you studied English for a long time? Yes, I have/No I haven't.*

Para outras perguntas, insira *have/has* depois do pronome interrogativo: *Where has Sally worked for three years? In a hospital.*

As expressões a seguir são frequentemente usadas com o Presente Perfeito:

already
ever
for
since
yet

DICA

For e *since* se referem à extensão do tempo de uma ação. *Since* indica quando a ação se iniciou. *For* se refere à duração da ação (por quanto tempo ela tem ocorrido).

I have studied English since 2008/for two years.

He has lived in New Delhi since January/for six months.

Atividade A

Complete as frases com o verbo *to work* no Presente Perfeito.

1 She ___has worked___ all day.
2 _____ they _____ since Monday?
3 We _____ a lot this year.
4 Where _____ you _____ this week?
5 _____ for a long time and now I'm tired!

Atividade B

Use as respostas para completar as perguntas.

1 How long ___has she lived here___?
   She has lived here for six years.

2 Where _____ for 10 months?
   They have lived in Arizona.

3 How long _____?
   I've studied English for many years

4 Have _____?
   Yes, I've worked as a police officer for a long time.

Sua vez

Responda às perguntas sobre você.

1 Where do you live? How long have you lived there?
   _____

2 Do you have a job? How long have you worked there?
   _____

3 How long have you studied English?
   _____

LIÇÃO 5
Job hunting

Uma proposta de emprego

Richard está se candidatando a uma vaga de Coordenador de Recursos Humanos na Sands Eletronics Ltda. Veja a proposta dele.

Sands Electronics, Inc.
Application form

Name: Richard Brown
Phone number: 923 383 5890
Address: 25 Jackson Lane, Newark, NJ 07030

EDUCATION
University: Bergen Business School
Major: Business
From – to: 2004 – 2007

EMPLOYMENT
Employer: Job Consulting Inc.
Position: Human Resources Assistant
From – to: October 2008 – present
Manager: Michael Somerfield

Employer: NatWest Bank
Position: Human Resources Assistant
From – to: June 2007 – September 2008
Manager: Jeff Johnson
Last salary: $35,000
Expected salary: $40,000

Position applied for:
Human Resources Coordinator

Why are you applying for this position?
To gain more experience in a larger company and to have more responsibility.

DICA
Terminações comuns de palavras para profissões são –er/–or e –ist: bank teller, doctor, engineer, lawyer, reporter, writer, dentist, florist, journalist, pharmacist.

Atividade A
Complete as frases com informações da proposta de emprego.

1. Richard brown is applying for a job as a __human resources coordinator__.
2. He studied at Bergen Business School for _____ years.
3. His first job was at _____.
4. From October 2008 to present, he has worked at _____.
5. He is applying to Sands Electronics because he wants to _____.

DICA
Na Lição 4, aprendemos que *for* indica a duração de uma atividade. Essa palavra pode ser usada com tempos verbais diferentes: *I will study for one hour tomorrow. I studied for one hour last night. I have studied for one hour and I will stop soon.*

Atividade B
Leia atenciosamente as duas frases a seguir.

1. He worked at NatWest Bank for two years.
2. He has worked at NatWest Bank for two years.

Por que, na primeira frase, foi usado o Passado Simples e, na segunda, o Presente Perfeito?

DICAS
- Na lição 4, aprendemos que o Presente Perfeito representa uma ação que se iniciou no passado e ainda está ocorrendo no presente. Às vezes, ele pode representar uma ação que começou e terminou no passado (não usando *for* nem *since*): *Juanita has lived in Mexico, but now she lives in Colombia.*

  Use o Passado Simples, e não o Presente Perfeito, quando o tempo em que a ação acontece é mencionado: *I have worked in a bank. I worked in a bank last year/ two months ago/ in 2008.*

- A palavra *ever* é frequentemente usada em perguntas e significa em qualquer tempo: *Have you ever been to Venice? Have you ever worked for a big company?*

Profissões — Unidade 9 — 85

LIÇÃO 6
Palavras úteis

Palavras essenciais

assistant
boss
employee
job
salary
secretary

business
company
difficult
easy
a lot

Atividade A
Circule a resposta correta.

1. Que palavra define o trabalhador em um emprego?
   a employee   **b** boss   **c** salary
2. Que palavra indica a pessoa que dá instruções?
   a assistant   **b** boss   **c** secretary
3. Que palavra representa um local de negócios?
   a company   **b** boss   **c** employee
4. Como você chama o dinheiro que recebe por seu trabalho?
   a employee   **b** salary   **c** business

Atividade B
Complete a cruzadinha com as palavras essenciais.

1. B U S I N E S S

Horizontal
1. A company that earns money.
2. The money you get for your work.
3. The person who helps the boss.
4. Where you work.

Vertical
5. The person in charge.
6. I'm a businessman. Here is my _____. She helps me in my job.
7. What you do every day.

Sua vez
Imagine que você tem uma companhia. Faça uma lista de pessoas com as quais você precisará trabalhar. Quantos empregados serão? Quantos serão assistentes e secretários? Qual será o salário de cada empregado?

LIÇÃO 7
Frases úteis

Atividade A
O que você diz quando quer...

1. perguntar a alguém por que ele(a) quer ser jornalista?
   Why do you want to be a journalist?

2. dizer a alguém que você gosta de ajudar outras pessoas?
   _____

3. perguntar a alguém há quanto tempo ele(a) trabalha em uma grande companhia?
   _____

4. dizer a alguém que você trabalha em sua firma há dois anos?
   _____

Frases essenciais
Why do you want this position?
Because I want to be a journalist.
I like to help.
I like to write.
How long have you worked there?
I have worked there for three months.
It's easier than…
It's harder than…

It pays more.
It pays less.

Atividade B
Preencha os espaços com a forma correta do comparativo.

1. In winter Manila is _____ than Montreal.
   (hot)

2. This restaurant has _____ food than the restaurant we ate at last week.
   (good)

3. The red dress is _____ than the blue dress.
   (expensive)

4. A plane is _____ than a train.
   (fast)

5. Doing housework is _____ than shopping!
   (boring)

Atividade C
What do you think? Em sua opinião, o que é mais fácil (*easier*) ou mais difícil (*more difficult*)? Use um dicionário para procurar as palavras do quadro e, em seguida, responda às perguntas.

> engineer   lawyer   carpenter   doctor   dentist

1. It's ___*easier*___ to be a secretary than a doctor.
2. It's _____ to be an engineer than a teacher.
3. It's _____ to be a lawyer than a journalist.
4. It's _____ to be a carpenter than a dentist.

DICA

Para fazer uma comparação, acrescente a terminação –er a um adjetivo que tenha uma sílaba: *My new job is harder than my old job.* (*hard → harder*)

Se o adjetivo terminar em –e, acrescente –r. *My new boss is nicer than my old one.* (*nice → nicer*)

Se o adjetivo terminar em –y, troque-o por –i e acrescente –er: *My old job was easier than my new job.* (*easy → easier*)

Se o adjetivo terminar em vogal + consoante, duplique a consoante: *My new office is bigger than my old one.* (*big → bigger*). Não duplique a consoante se o adjetivo terminar em –w ou –y. (*slow → slower*)

Se o adjetivo tiver duas ou mais sílabas, coloque a palavra *more* antes dele. *My new job is more interesting than my old job.* (*interesting → more interesting*).

Alguns adjetivos têm formas comparativas irregulares:
good → better
bad → worse

LIÇÃO 8
Gramática

Verbos irregulares no Particípio Passado

Na lição 4, aprendemos que o Presente Perfeito dos verbos regulares é formado com o auxílio do verbo *to have* seguido do particípio passado do verbo (verbo principal + –ed). Assim como os verbos do Passado Simples, há muitos verbos irregulares no Particípio Passado.

Veja alguns exemplos:

be → been
do → done
eat → eaten
drink → drunk
get → gotten(Am.)/got (Brit.)
go → gone
have → had
speak → spoken
write → written

Consulte a página 120 para verificar uma lista de outros verbos irregulares no Particípio Passado.

Atividade A
Complete a tabela com as formas verbais faltantes.

Atividade B
Complete as frases com o Presente Perfeito.

1. We ___have read___ a lot of newspaper articles this week.
   (read)

2. Selena _____ Spanish for three years.
   (teach)

3. Jill and Jack _____ friends since high school.
   (be)

4. I _____ a lot of good teachers.
   (have)

5. Pete _____ lunch with his boss every day since he started working for her.
   (eat)

6. Eleanor _____ her homework.
   (do)

Base Form	Simple Past	Past Participle
	bought	bought
do		done
	drove	
	ate	eaten
		gone
	got	
leave		left
say	said	
	spoke	
	took	
		written

Unidade 9 — Profissões

Unidade 9 Revisão

Atividade A
Circule a resposta correta.

1. Qual frase descreve uma ação concluída?
   a. They have lived in New York for many years.
   (b) They lived in New York for many years.

2. Qual frase descreve uma ação que ainda está acontecendo?
   a. Carlos has been a lawyer since he graduated from college.
   b. Carlos has been a lawyer.

3. Qual frase descreve uma ação que ainda está ocorrendo?
   a. We have eaten lunch with our boss since last October.
   b. We ate lunch with our boss last October.

4. Qual frase descreve uma ação concluída?
   a. Rosa had a job interview.
   b. Rosa has had a lot of job interviews since she left her last job.

Atividade B
Complete as perguntas. Certifique-se de usar o tempo verbal correto.

1. When _will they work_____?
   They will work next Saturday.

2. Where _____?
   She worked in Paris.

3. Why _____?
   He works because he needs the money.

4. What _____?
   He is an engineer.

5. Which _____?
   She has the office next to her secretary.

Atividade C
Responda às perguntas usando o comparativo.

1. Which country is bigger, the United States or New Zealand?
   The United States is bigger than New Zealand.

2. Which river is longer, the Nile or the Mississippi?
   _____

3. Which city is colder in winter, Hanoi or Madrid?
   _____

4. Which is taller, the Eiffel Tower or Big Ben?
   _____

Atividade D
Responda às perguntas sobre você.

1. Have you had many jobs?
2. How many job interviews have you had?
3. Which is easier for you, studying or working?
4. Which is more difficult for you, speaking in English or writing in English?

Desafio

Consulte a página 120 para encontrar as formas destes verbos irregulares no Passado Simples e no Particípio Passado: *to cost, to cut, to hit, to let, to put, to set, to shut*.

O que você observou? O que eles têm em comum?

Atividade na internet

Acesse **www.berlitzpublishing.com** para verificar uma seleção de mecanismos de busca de empregos em inglês. Quantos empregos para assistente você consegue encontrar? E empregos para secretárias e representantes de vendas? Qual é o salário de cada emprego?

Unidade 10 Em casa/Saindo para passear

Nesta unidade você aprenderá:
- a conversar sobre coisas para fazer em casa ou em um apartamento.
- orações condicionais.
- a usar o imperativo para dar instruções.
- expressões relacionadas a lugares para passear.
- o Passado Progressivo (*Past Progressive Tense*).

LIÇÃO 1 — Help me, please!

Um e-mail enviado por Elizabeth

Elizabeth está escrevendo um e-mail para o irmão dela, John. Ela está pedindo que ele a ajude a limpar seu apartamento.

```
Date:    Tuesday, 10 January
From:    Elizabeth
To:      John
Subject: Help!
```

Hi John,
Can you help me to clean my apartment, please? Mom and Dad are arriving tomorrow and the apartment is a real mess. I want to pick up my clothes, make my bed, and tidy up the living room. Then I want to clean the floor and paint my bedroom. How can you help me? It would be wonderful if you could help me pick up my clothes and tidy up the living room. Then we could clean the floor and paint the walls together. Can you help me, please?
Much love,
Elizabeth

---

a mess   to clean   don't worry
to pick up   to paint   together
to tidy up   make the bed

Atividade A
Circule a resposta correta.

1. Em que Elizabeth precisa de ajuda?
   a na casa dela   **b no apartamento dela**
2. Quem virá visitar Elizabeth amanhã?
   a os pais dela   b o irmão dela
3. O que Elizabeth pediu a John?
   a para fazer as compras   b para organizar as roupas dela
4. O que Elizabeth quer que John faça com ela?
   a organize os papéis dela   b pinte

Atividade B
Aqui está a resposta de John a Elizabeth. Leia-a atenciosamente e responda às perguntas.

```
Date:    Tuesday, 10 January
From:    John
To:      Elizabeth
Subject: Re: Help!
```

Hi Elizabeth,
Yes, I'll help you. But I don't want to pick up your clothes. You can pick up your clothes, and I'll tidy up the living room. Then we can clean and paint together. Don't worry. I'll help you.
See you soon,
John

1. John vai ajudar Elizabeth?
   Yes, he will.
2. O que John não quer fazer?
   _____
3. O que John quer fazer?
   _____
4. Qual tarefa John quer fazer com Elizabeth?
   _____

LIÇÃO 2
Palavras úteis

Palavras essenciais

apartment (Am.)/flat (Brit.)
bathroom
bedroom
dining room
kitchen
living room
room

stairs
garden
floor
window

Atividade A
Complete o diálogo. Responda de acordo com sua casa ou apartamento.

Friend Do you live in a house or in an apartment?

You I live in a(n) _____.

Friend How many rooms are there?

You _____.

Friend How many windows are in each room?

You _____.

Friend Which is your favorite room?

You _____.

Friend Do you have a garden?

You _____.

Atividade B
Relacione cada palavra à sua imagem.

bathroom   bedroom   living room
kitchen   dining room

1 _____living room_____    2 _____

3  _____   4 _____

5 _____

DICAS CULTURAIS

- O piso de uma casa ou prédio é chamado de *floor* ou *story* (Am.)/*storey* (Brit.). Para estacionamentos com vários andares ou aeroportos, a palavra *level* é usada.

  O térreo é chamado de *first floor* (Am.)/*ground floor* (Brit.). O terceiro piso (*third floor*) de um prédio nos Estados Unidos, por exemplo, fica dois andares acima do andar térreo.

- Para saber onde fica o banheiro nos Estados Unidos, pergunte pelo *restroom* ou pelo *bathroom*. Na Grã-Bretanha, você pode perguntar: *Where's the toilet?*, ou, mais informalmente: *Where's the loo?*. No Canadá, é comum perguntar sobre o *washroom*.

Em casa/Saindo para passear — Unidade 10

LIÇÃO 3
Frases úteis

Frases essenciais

Can you help me?
Yes, I can help you.
No, I can't help you.
What do you want me to do?

Right away. (Am.)/Straightaway. (Brit.)

Help me please!
Can you give me a hand?
See you soon.
Hugs

DICAS

- É comum dizer *Hi!* ou *Hello!* ao cumprimentar alguém. Ao se despedir, costuma-se dizer *See you soon!* ou *See you later!*
- Para dizer educadamente que você não pode ou não quer ajudar alguém, acrescente as expressões a seguir: *No, I'm sorry. I can't help you, I'm afraid.*

Atividade A
O que você diz quando quer...

1 pedir que alguém o ajude?
   Can you give me a hand?

2 dizer que você não pode ajudar alguém?
   _____

3 perguntar a alguém o que ele(a) quer que você faça?
   _____

4 dizer que você vai fazer algo imediatamente?
   _____

Atividade B
Coloque as frases na ordem correta para criar um diálogo.

Yes, I can help you. What do you want me to do? #

Make the bed. #

Right away. #

Can you help me? #1

Unidade 10 — Em casa/Saindo para passear

LIÇÃO 4
Gramática

Orações condicionais no presente e no futuro

As orações condicionais (*condicional sentences*) representam uma condição (situação) e seus resultados.

As condicionais no presente indicam o que geralmente acontece quando se estabelece uma condição: *If my apartment is messy, I clean it. If my apartment is messy* é a condição (às vezes, o meu apartamento está arrumado, e não bagunçado). Quando ele está bagunçado, qual é o resultado? *I clean it.*

Nas condicionais no presente, a condição começa com *If* + sujeito + verbo no Presente Simples. O resultado também fica no Presente Simples: *If my friends come over to my house, I offer them something to eat.*

As condicionais no futuro representam o que acontecerá caso se estabeleça uma condição no futuro: *If it rains tomorrow, I will stay home.* Vai chover amanhã? Eu ainda não sei.

Nas condicionais no futuro, a condição começa com *If* + sujeito + verbo no Presente Simples, mas ela indica o futuro, e não o presente. O resultado fica no Futuro Simples: *If my family visits me next weekend, I'll ask them to help me paint my house.*

Atividade A

As frases indicam condicionais no presente ou no futuro?

1. If I'm sick, I stay in my bedroom all day.
   (a) present   **b future**

2. If John doesn't help Elizabeth, she'll be angry.
   a present   **b future**

3. If I have time, I'll clean my kitchen.
   a present   **b future**

4. If Shelly has time in the morning, she makes her bed.
   a present   **b future**

O imperativo

O imperativo dá ordens e instruções. Ele é formado, em inglês, pelo verbo em sua forma básica. O sujeito oculto *you* (sing. ou pl.) não é mencionado: *Make your bed! Clean up your room!*

Para imperativos negativos, insira *Do not* (*Don't*) antes do verbo: *Don't worry! Don't leave your clothes on the floor!*

Atividade B

Irina precisa de ajuda em casa. Ela pede ajuda à sua família. Utilize o verbo e o substantivo fornecidos para escrever cada pedido.

Organize your closet!
organize/your closet

_____
paint/the wall

_____
pick up/your clothes

_____
clean/the floor

LIÇÃO 5

Where did you go?

Registro diário

Leia a página do diário de Jenny, a seguir.

> I had a very good week.
> The day before yesterday, my friends and I went to a rock concert. We had a lot of fun. Yesterday, my mother and I went shopping to buy some clothes. Then I went to a nightclub with my boyfriend and we danced all night. I hope we go dancing again very soon!

Atividade A

Circule a resposta correta.

1. O que Jenny fez anteontem?
   a. **Ela foi a um show.** ✓
   b. Ela foi a uma danceteria.

2. O que Jenny fez ontem?
   a. Ela foi a um show.
   b. Ela foi fazer compras.

3. O que Jenny fez na noite passada?
   a. Ela foi a um show.
   b. Ela foi a uma danceteria.

4. O que Jenny quer fazer novamente?
   a. compras
   b. ir dançar

Atividade B

Responda às perguntas usando frases completas.

1. What kind of concert did Jenny and her friends go to?
   They went to a rock concert.

2. Did they have a good time at the concert?
   _____

3. When did Jenny go shopping?
   _____

4. What did Jenny do after going shopping?
   _____

Atividade C

Escreva o que Jenny fez a cada dia.

1. the day before yesterday
   _____

2. yesterday
   _____

3. last night
   _____

DICAS

- Nas condicionais no futuro, use *will* quando estiver 100% seguro quanto ao resultado, e use os modais *may* ou *might* quando estiver mais ou menos 50% seguro quanto ao resultado: *If Jenny isn't tired tomorrow night, she may go out dancing, or she may stay home.*

- Nas condicionais, tanto a condição como o resultado podem vir antes. Se a condição vier antes, lembre-se de usar uma vírgula:

  If I have time on weekends, I go out with my friends.
  I go out with my friends if I have time on weekends.
  If I go out with Jane next Saturday night, I'll have a good time.
  I'll have a good time if I go out with Jane next Saturday night.

LIÇÃO 6
Palavras úteis

Palavras essenciais
bar (nightclub)
concert
to dance
movie (Am.)/film (Brit.)
movie theater (Am.)/cinema (Brit.)
theater (Am.)/theatre (Brit.)
day before yesterday
last night
last week
tomorrow
yesterday

Atividade A
Aonde as pessoas foram na noite passada? Escolha o lugar correto para cada imagem.

1 ____a nightclub____    2 _____

3  _____   4 _____

Atividade B
Hoje é quarta-feira. Escreva *last night, yesterday, the day before yesterday* ou *last week* para dizer quando você fez cada atividade.

1 On Tuesday, I danced. ____yesterday____
2 On Monday, I saw a movie. _____
3 Last Wednesday, I went to a concert.
   _____
4 On Tuesday evening, I went to a bar. _____

Atividade C
Escreva o que você fez em cada um desses dias.

1 yesterday
   _____
   _____

2 last night
   _____
   _____

3 the day before yesterday
   _____
   _____

4 last Thursday
   _____
   _____

DICA CULTURAL
Nos Estados Unidos, você vai assistir a um *movie* em um *movie theather* e com frequência diz simplesmente *the movies*: *Last night we went to the movies*. Na Grã-Bretanha, você vai aos *pictures* ou ao *cinema* para ver um *film*.

Em casa/Saindo para passear — Unidade 10 — 95

LIÇÃO 7
Frases úteis

Frases essenciais

What did you do…
   last night?
   last week?
   the day before yesterday?
   yesterday?
What do you want to do?
I want to go out.
I want to stay in.
I want to watch television/TV.

Let's go out.
Let's have a drink.

Atividade A
O que você diz quando quer…

1 perguntar a alguém o que ele(a) fez na semana passada?
   What did you do last week?

2 perguntar a alguém o que ele(a) quer fazer?
   _____

3 dizer que você quer sair?
   _____

4 dizer que você quer ficar em casa?
   _____

DICA CULTURAL

Assim como muitas grandes cidades ao redor do mundo, Londres e Nova York são conhecidas por sua vida noturna. Nova York é chamada de "a cidade que nunca dorme". De fato, há muitos lugares para ir: cinemas, teatros, danceterias, bares, estádios esportivos, casas de shows e até mesmo supermercados que nunca fecham!

Londres também "não dorme", e a vida noturna lá é igualmente variada e atraente.

Atividade B
Ed pergunta a Janet se ela gostaria de sair esta noite, mas Janet não quer. Ed sugere diferentes atividades, mas Janet não gosta de nenhuma. Coloque as frases na ordem correta para criar um diálogo.

___ **Ed** Well, I don't want to stay home. Do you want to go dancing?

___ **Janet** We went to the movies yesterday.

_1_ **Ed** Let's go to the movies.

___ **Janet** I want to stay home tonight.

___ **Ed** OK, we'll stay home tonight.

___ **Janet** I went dancing with my friends last night.

___ **Ed** Well, what do you want to do this evening?

O que Ed finalmente decide fazer esta noite?
_____

Atividade C
Responda às perguntas.

1 Você prefere sair ou ficar em casa à noite durante a semana?
   _____

2 Você prefere sair ou ficar em casa nos finais de semana?
   _____

3 Você prefere ir a shows ou a danceterias?
   _____

4 Você prefere assistir a TV ou ir ao cinema?
   _____

Sua vez
O que você gostaria de fazer hoje à noite?
_____
_____

Unidade 10 Em casa/Saindo para passear

LIÇÃO 8
Gramática

O Passado Progressivo
(Past Progressive Tense)

O tempo verbal do Passado Progressivo representa ações que estavam ocorrendo (estavam em andamento) em um momento específico do passado: *Jenny and her friend were dancing at a nightclub at 10:30 Saturday night.*

O Passado Simples representa ações que terminaram no passado, enquanto o Passado Progressivo representa ações que estavam em andamento no passado: *I was reading a book at 8:30 last night. I started at 7:00 and stopped at 9:00.*

O Passado Progressivo é formado com *was/were* e o verbo principal + *–ing*.

As frases negativas são formadas com a inserção de *not* antes do verbo principal: *I wasn't (was not) watching a movie at 11:30 last night.*

As frases interrogativas cujas respostas sejam sim/não são formadas com a inserção de *was/were* antes do sujeito: *Were you cleaning your house when I called you?*

As *information questions* são formadas com a inserção de um interrogativo antes de *was/were*: *Why weren't you dancing with your friends last night?*

Lembre-se de que apenas os verbos que representam ações podem ser progressivos. Verbos que representem estados, como *to be*, não podem ser progressivos: *We were at home on Wednesday at 9:30 PM.*

Atividade A
Preencha os espaços com o verbo no Presente Progressivo.

1. We ___were painting___ our house Sunday at 3:00 PM.
   _{paint}

2. John _____ the bed when his friends
   _{make}
   came over to his house.

3. _____ you _____
   _{watch}
   television at 7:30 PM?

4. Mehmet _____ dinner when Janis
   _{eat}
   called him.

Atividade B
O que as pessoas estavam fazendo às 15h na última terça-feira?

Scott ___was working.___

Katrina and Carl _____

Mia _____

Monique _____

Sua vez
O que você estava fazendo ontem nos horários indicados abaixo?

9:30 AM _____

1:00 PM _____

8:00 PM _____

Unidade 10 Revisão

Atividade A
Desembaralhe as letras para formar palavras, usando as imagens como dicas.

1 m l f i   _f_ _i_ _l_ _m_
2 c d n a e   _ _ _ _ _ 
3 t a n i p   _ _ _ _ _ 
4 t h n k i c e   _ _ _ _ _ _ _ 
5 h m o r b t a o   _ _ _ _ _ _ _ _ 

Atividade B
Relacione as perguntas às respostas corretas.

1 Do you want to go out tonight?
2 Can you help me, please?
3 What did you do last night?
4 Did you finish cleaning your room?
5 Have you ever been to a concert?
6 Do you want to go out tomorrow?

a No, I haven't. I've never seen live music.
b Yes, that's a good idea.
c We went to the movies.
d No, not tonight. I prefer to stay home.
e No, I didn't. I'll clean it tomorrow.
f I'm sorry, I don't have time.

(1 matches with d)

Atividade C
Circule a resposta correta.

1 Right now I _____ Activity C.
   a am doing (circled)   **b** was doing

2 If I _____ time tomorrow, I'll go to the movies.
   a will have   **b** have

3 _____ your bedroom!
   a Clean   **b** You clean

4 I _____ at home at 8:30 last night.
   a was being   **b** was

Atividade D
Preencha as lacunas com o verbo no tempo correto.

1 Yesterday we ___*went*___ to the movies. (go)
2 Tomorrow I _____ shopping. (go)
3 _____ you _____ in your apartment for a long time? (live)
4 I always _____ my bed in the morning. (make)
5 I _____ my house at 11:00 AM last Sunday. (clean)

Desafio
Pergunte a um(a) amigo(a) que fala inglês o que ele(a) vai fazer no próximo fim de semana se o tempo estiver bom.

Atividade na internet
Acesse **www.berlitzpublishing.com** para encontrar uma lista de locais onde você pode conversar com falantes da língua inglesa de diversos países. Pergunte a eles o que fizeram ontem, na noite passada, anteontem e na semana passada.

Em casa/Saindo para passear

Unidade 11 Corpo e saúde

Nesta unidade você aprenderá:
- vocabulário referente ao corpo e à saúde.
- advérbios de tempo.
- a descrever os sintomas de doenças comuns.
- os verbos modais *should*, *must* e *have to*.

LIÇÃO 1 — I'm sick!

Diálogo

Melanie está perguntando ao seu amigo Roberto se ele quer jogar tênis, mas ele está doente. Eles combinam de jogar outro dia. Ouça a conversa deles.

Roberto Hi, Melanie. What are you doing today?

Melanie Going to play tennis. Do you want to come?

Roberto No, I can't go out today. I'm sick.

Melanie That's a shame. If you like and if you feel better, we could play on Thursday or Friday?

Roberto Yes, that would be great. If I feel better, we'll play on Friday.

Melanie Good. Call me on Thursday. Take care of yourself!

Atividade A

Circule a resposta correta.

1. Quando Melanie quer jogar tênis?
   - **(a) hoje**
   - b amanhã
2. Por que Roberto não quer jogar tênis com Melanie?
   - a Ele não quer.
   - b Ele não pode.
3. Quando ele quer jogar?
   - a quinta-feira
   - b sexta-feira
4. Quem vai ligar na terça-feira?
   - a Melanie
   - b Roberto

Atividade B

Na sexta-feira seguinte, Roberto envia uma mensagem de texto para Melanie. Leia a mensagem dele e a resposta de Melanie. Depois, responda às perguntas.

> I'm sorry Melanie, I can't play today. I'm still sick. Maybe we could play on Sunday or Monday?
> Robert

> That's a shame, but don't worry. Look after yourself and call me Sunday.
> Melanie

1. Por que Roberto não pode jogar tênis na sexta-feira?
   - a Ele ainda está doente.
   - b Ele não quer.
2. O que Melanie diz a Roberto em sua resposta?
   - a para não ligar
   - b para não se preocupar
3. Quando eles vão voltar a se falar?
   - a domingo
   - b segunda-feira

Atividade C

Hoje é domingo. Imagine que você é Roberto e está enviando uma mensagem para Melanie. Diga a ela que você quer jogar tênis na segunda-feira.

_____

_____

_____

_____

LIÇÃO 2
Palavras úteis

Palavras essenciais

Sports

baseball
cycling (bicycle/bike riding)
soccer (Am.)/football (Brit.)
swimming
tennis

Health

fat
gym
healthy
sick (Am.)/ill (Brit.)
slim (thin)
to weigh
weight

Atividade A
Escreva o nome do esporte sob cada imagem.

1 swimming

2 _____

3 _____

4 _____

Atividade B
Observe a lista de palavras essenciais. Quais esportes você pratica sozinho? E quais você pratica com outras pessoas?

alone	with other people
	baseball

Sua vez
Quais esportes você gosta de praticar? E a quais você gosta de assistir?

DICA

Os adjetivos descrevem os substantivos, e os advérbios descrevem os verbos: *It was a good* (adj.) *tennis match. We played well* (adv.).

Em inglês, muitos advérbios são formados pelo acréscimo de *–ly* a um adjetivo:

slow (adj.) → *slowly* (adv.)
bad (adj.) → *badly* (adv.)
comfortable (adj.) → *comfortably* (adv.)

Se um adjetivo termina em uma consoante + *–y*, troque o *–y* por *–i* e, depois, acrescente *–ly* (easy → easily). Se um adjetivo termina em *–le*, retire o *–e* e acrescente *–y* (terrible → terribly).

Se um adjetivo termina em *–ic*, acrescente *–al* antes de adicionar *–ly* (terrific → terrifically).

Alguns advérbios têm a mesma forma do adjetivo:

fast (adj.) → *fast* (adv.)
hard (adj.) → *hard* (adv.)
late (adj.) → *late* (adv.)

O adjetivo *good* é irregular: good (adj.) → *well* (adv.)

LIÇÃO 3

Frases úteis

Frases essenciais

How are you (feeling)?
I'm sick (Am.)/ill (Brit.).
I'm in good health. (I'm healthy.)
I'm not very well./I don't feel very well.
I'm very well.
I want to be in good shape.
I want to gain/put on weight.
I want to lose weight.

I feel better.
I'm sorry.
I think so.

What a shame!

Atividade A

O que você diz quando quer…

1. dizer que está bem de saúde?

   I'm in good health.

2. dizer que está em boa forma?

   _____

3. perguntar a alguém como ele(a) está se sentindo?

   _____

4. dizer que quer perder peso?

   _____

Atividade B

Escolha a expressão correta para cada imagem.

1. **(a)** I'm sick.

   b I'm very well.

2. **a** I'm sick.

   b I'm in good shape.

3. **a** I'm sick

   b I'm healthy.

4. **a** I'm in good health

   b I'm not very well.

Sua vez

How are you? Fale sobre a sua saúde. Use *I'm very well* ou *I'm not very well* para dizer como está se sentindo. Depois, diga se você está *in good shape* ou *in bad shape*.

_____
_____
_____
_____

Corpo e saúde — Unidade 11 — 101

LIÇÃO 4 — Gramática

Orações compostas

Orações compostas ligam duas ou mais frases pela vírgula e pelas palavras *and*, *but* ou *so*.

And introduz uma informação adicional: *I went to the gym, and I worked out.*

But introduz uma informação diferente: *Eduardo likes soccer, but Julio likes baseball.*

So introduz um resultado: *Jeong Ho went to the gym a lot, so he lost weight.*

Atividade A

Circule a resposta correta.

1. Li Chuan was sick, _____ she didn't go to work.
   a. but   **b. so** (circled)

2. Miguel rides his bicycle every day, _____ Beatriz does too.
   a. and   b. but

3. Amparo wants to gain weight, _____ Alfonso wants to lose weight.
   a. but   b. so

4. Kenny is slim, _____ Charlie is too.
   a. and   b. so

DICA

Numa oração composta, quando ambos os verbos forem o mesmo, use *do/does/did + too*:

Tommy loves sports, and Sean does too. = *Tommy loves sports, and Sean loves sports too.*

Maggie went to the gym last night, and Paul did too.

Quando ambos os verbos forem uma forma do verbo *to be*, use *am/are/is/was/were + too*:

I am healthy, and you are too. = *I am healthy, and you are healthy too.*

Vinnie was playing tennis at 3:00 PM, and Amelia was too.

Atividade B

Combine as duas frases em uma oração composta.

1. Marta loves riding her bicycle. She loves playing tennis.
   Marta loves riding her bicycle, and she loves playing tennis.

2. We felt tired. We didn't go to the gym.
   _____
   _____

3. I like soccer. I don't play it very well.
   _____
   _____

4. Simon was bored. He decided to watch baseball on TV.
   _____
   _____

Sua vez

Observe cada imagem e escreva uma oração composta sobre ela.

1. *It's going to rain, so you should bring an umbrella.*

2. _____

3. _____

4. _____

LIÇÃO 5
Medicine

Anúncios de remédios
Leia e ouça estes anúncios (propagandas).

Medicine for colds

Fights coughs and sneezes.

Calms headaches and sore throats.

Brings down your temperature.

Thanks to this medicine, you'll feel better right away.

No need to call the doctor!

You can take this medicine three times a day!

Cough medicine

For fast cough relief.

Brings down your temperature and stops your headache.

Take once a day.

Must have a doctor's prescription!

Feel better right away.

Atividade A
Circule a resposta correta.

1. Do que trata o anúncio?
   a. remédio para dor
   (b) remédio para resfriado

2. O que esse remédio trata?
   a. uma febre
   b. uma dor de dente

3. O que esse remédio alivia?
   a. dor de dente
   b. dor de cabeça

4. Quantas vezes ao dia esse remédio pode ser consumido?
   a. duas vezes
   b. três vezes

Atividade B
Circule a resposta correta.

1. Do que trata o anúncio?
   (a) remédio para tosse
   b. remédio para resfriado

2. O que esse remédio trata?
   a. uma febre
   b. uma dor de dente

3. Quantas vezes ao dia esse remédio pode ser consumido?
   a. uma vez
   b. três vezes

4. É necessário consultar um médico para consumir esse remédio?
   a. sim
   b. não

Atividade C
Complete as frases.

Both medicines will bring down your ___temperature___ and calm your _____.

The medicine for colds also fights _____ and _____.

You need a _____ for the cough medicine.

DICA

Às vezes, um substantivo e um verbo possuem a mesma forma: a cough/to cough   a sneeze/to sneeze   a dance/to dance

LIÇÃO 6
Palavras úteis

Palavras essenciais

cold
cough/to cough
doctor
dentist
to feel sick
headache
hospital
injection/shot
medicine
prescription
sore throat
stomachache
temperature
toothache

Atividade A
Circule a resposta correta.

1. I have a bad cough. I need to see a _____.
   a dentist   **(b) doctor**

2. I have a toothache. I need to go to a _____.
   a hospital   b dentist

3. I have a temperature. I want my doctor to give me a(n) _____ to get some medicine.
   a prescription   b injection

4. I am very, very sick. My doctor told me to go to the _____.
   a dentist   **b hospital**

Atividade B
Qual é o problema com cada pessoa?

1. Antonio _has a stomachache._
2. Teresa _____ 
3. Arnaud _____ 
4. Nina _____ 

Sua vez
Imagine que você seja um médico. Fale sobre os seus pacientes nas imagens acima. Do que eles precisam?

1. Antonio _needs to stop eating._
2. Teresa _____
3. Arnaud _____
4. Nina _____

DICA

Should é usado para aconselhar: *Antonio should stop eating. Arnaud should take an aspirin.* *Must* é mais enfático do que *should* e indica que alguma coisa é necessária: *Nina must go to a dentist!* *Have/has to* também é usado no lugar de *must*: *Nina has to go to a dentist!*

Tenha cuidado com a forma negativa de *have/has to*: *Nina doesn't have to go to the dentist.* = Nina pode ir ou não: não é necessário.

Unidade 11 — Corpo e saúde

LIÇÃO 7

Frases úteis

Frases essenciais

Where does it hurt?
My arm hurts.
My back hurts.
My hand hurts.
My feet hurt.
My legs hurt.
I have a pain in my foot.

Can you recommend a doctor/dentist?

I need to see a doctor/dentist.

DICA
Quando uma parte do corpo dói, use um adjetivo possessivo: *I have a pain in my left side. His leg hurts.*

DICA
Pronomes reflexivos são usados quando o sujeito e o objeto são o mesmo (sujeito = objeto) e, frequentemente, são usados quando as pessoas se machucam. *I cut myself. She hurt herself. They burned themselves. We scratched ourselves.* Os pronomes reflexivos em inglês são:

I → myself
you (sing.) → yourself
he → himself
she → herself
it → itself
we → ourselves
you (pl.) → yourselves
they → themselves

Atividade A

Observe cada figura e escreva a frase que a representa.

1 My _____wrist hurts_____.
 (wrist)

2 Her _____.
 (back)

3 Her _____.
 (feet)

4 His _____.
 (arm)

Atividade B

Complete as frases com o pronome reflexivo correto.

1 I burned ___myself___.
2 She cut _____.
3 We hurt _____.
4 He scratched _____.
5 They hurt _____.

Sua vez

Você está esperando para se consultar com um médico. Diga para a enfermeira como você está se sentindo e descreva os seus sintomas. Use as palavras abaixo.

temperature	sore throat	pain
stomachache	backache	
headache	cough	

Corpo e saúde   Unidade 11

LIÇÃO 8
Gramática

Advérbios de frequência

Esses advérbios descrevem com que frequência uma ação acontece. Eles geralmente são colocados entre o sujeito e o verbo: *We often go swimming on Saturdays*, ou ocorrem entre o verbo auxiliar e o verbo principal: *You should always go to the doctor when you're sick.*

Os advérbios de frequência vêm após o verbo *to be*: *She is seldom sick.*

Os advérbios de frequência mais comuns são:

always (100%)
usually (90-99%)
often (75-90%)
sometimes (25-75%)
seldom/rarely (1-25%)
never (0%)

Atividade A
Circule **V** para verdadeiro e **F** para falso.

1. Cindy watches baseball on TV every Sunday.
   Cindy rarely watches baseball on TV.   V / **F**

2. Elena doesn't know how to speak Hindi.
   Elena never speaks Hindi.   V / F

3. Jorge and Ana go to concerts three or four times a year.
   Jorge and Ana always go to concerts.   V / F

4. Nigel went to the hospital one time.
   Nigel usually goes to the hospital.   V / F

Atividade B
Circule a resposta que melhor descreve você.

1. I'm _____ sick.
   a always   c sometimes
   b often   d never

2. I _____ play football.
   a always   c sometimes
   b often   d never

3. I _____ play baseball.
   a always   c sometimes
   b often   d never

4. I _____ take medicine when I'm sick.
   a always   c sometimes
   b often   d never

Atividade C
Complete as frases com os advérbios de frequência corretos.

1. Byung Jin ____rarely____ sees a doctor when he's sick. (20% of the time)
2. Ethan _____ eats healthy food. (95% of the time)
3. Guadalupe _____ cuts herself when she cooks. (0% of the time).
4. Min-Hsing _____ plays tennis with her friends on Sundays. (80% of the time)

Sua vez
Use os advérbios de frequência para escrever sobre algumas de suas atividades.

1. always _____
   _____
2. usually _____
   _____
3. never _____
   _____

Unidade 11 Revisão

Atividade A

Jim e Nick são irmãos, mas eles nunca entram num acordo! Se Mick diz alguma coisa, Jim imediatamente diz o oposto. Preencha as lacunas do diálogo com o contrário do que Jim diz.

Jim I want to lose weight.
Mick _I want to gain weight._

Jim I'm in bad shape.
Mick _____

Jim I feel better.
Mick _____

Jim I never take medicine.
Mick _____

Atividade B

O que há de errado com estas frases? Reescreva-as para que fiquem corretas.

1 I have headache.
   I have a headache.

2 I have played tennis yesterday.
   _____

3 She plays baseball good.
   _____

4 Ourselves exercise a lot.
   _____

5 I hurt himself.
   _____

6 They go never swimming.
   _____

Atividade C

Desembaralhe as letras para formar palavras, usando as imagens como dicas.

1 n y l c i c g   _C Y C L I N G_

2 s e n t i n   _ _ _ _ _ _

3 e c a h d a e h   _ _ _ _ _ _ _ _

4 n m i c e d e i   _ _ _ _ _ _ _ _

5 e t p e u r m e a t r   _ _ _ _ _ _ _ _ _ _ _

6 n s t i t e d   _ _ _ _ _ _ _

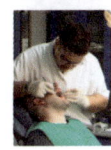

Desafio

Responda às seguintes perguntas sobre você.

What sports do you usually play?
_____

When was the last time you were sick?
_____

What do you do when you have a cough?
_____

Atividade na internet

Acesse **www.berlitzpublishing.com** para encontrar uma lista de academias na Grã-Bretanha e nos Estados Unidos. Escolha uma academia e descubra o que você pode fazer lá. Como pode se tornar um membro? Que tipo de equipamentos e atividades eles oferecem? Você pode fazer aulas de dança lá?

Corpo e saúde

Glossário Inglês-Português

A

a lot	muito
address	endereço
airport	aeroporto
American	norte-americano(a)
apartment	apartamento
apple	maçã
apple pie	torta de maçã
April	abril
article	artigo
assistant	assistente
August	agosto
aunt	tia
Australia	Austrália
Australian	australiano(a)
avenue	avenida

B

bar (nightclub)	bar, danceteria
baseball	beisebol
bathroom	banheiro
be	ser, estar
bedroom	quarto
beer	cerveja
behind	atrás
Belgian	Bélgica
Belgium	belga
believe	acreditar
big	grande
bird	pássaro
black	preto
block	quarteirão
blue	azul
boss	patrão
boy	garoto
boyfriend	namorado
Brazil	Brasil
Brazilian	brasileiro(a)
bread	pão
brother	irmão
brother-in-law	cunhado
brown	marrom
building	edifício
bus stop	ponto de ônibus
bus	ônibus
business	negócios

C

cake	bolo
Cameroon	Camarões
Cameroonian	camaronês/camaronesa
Canada	Canadá
Canadian	canadense
car	carro
cash	dinheiro
cat	gato
center, centre	centro
cereal	cereal
change	troco, câmbio
cheese	queijo
chicken	frango
children	crianças, filhos
China	China
Chinese	chinês/chinesa
church	igreja
classroom	sala de aula
clock	relógio
cloudy	nublado
coat	casaco, paletó
coffee	café
coin	moeda
cold	frio
Colombia	Colômbia
Colombian	colombiano(a)
colors	cores
company	companhia

Glossário Inglês-Português

concert	apresentação musical
corner	esquina, canto
cost	custar
cough/to cough	tosse, tossir
cousin	primo(a)
credit card	cartão de crédito
cycling/bicycle/ bike riding	andar de bicicleta

D

dance/to dance	dança/dançar
daughter	filha
daughter-in-law	nora
day before yesterday	anteontem
days	dias
December	dezembro
dentist	dentista
difficult	difícil
dining room	sala de jantar
doctor	médico
dog	cachorro
dress	vestido
drink	beber, bebida

E

easy	fácil
eat	comer
El Salvador	El Salvador
employee	empregado
employer	empregador
English	inglês/inglesa
extra large	extragrande

F

fall (A.)/autumn (B.)	outono
family	família
far	longe
fat	gordo
father	pai
father-in-law	sogro
February	fevereiro
feel sick	sentir-se doente
feel	sentir
Filipino	filipino(a)
fish	peixe
flight	voo
floor	chão, assoalho
food	comida
forget	esquecer
France	França
French	francês/francesa
Friday	sexta-feira
friend	amigo
fruit	fruta

G

garden	jardim
German	alemão/alemã
Germany	Alemanha
gilrfriend	namorada
girl	garota
gloves	luvas
grandchildren	netos
granddaughter	neta
grandfather	avô
grandmother	avó
grandson	neto
green	verde
gym	academia

H

Haiti	Haiti
Haitian	haitiano(a)
half	meio(a)
hat	chapéu
hate/to hate	ódio/diar

Glossário Inglês-Português

have	ter	know	saber
headache	dor de cabeça	Korea	Coreia
healthy	saudável	Korean	coreano(a)
hear	ouvir		
homework	lição de casa	**L**	
hospital	hospital	large	grande
hot	quente	last	último, passado
hotel	hotel	library	biblioteca
hour	hora	like	gostar
house	casa	living-room	sala de estar
housework	serviço doméstico	look	olhar
humid	úmido	love	amar
husband	marido	luggage	bagagem

I

M

ice cream	sorvete	magazine	revista
in front of	em frente a	man	homem
India	Índia	March	março
Indian	indiano(a)	May	maio
Indonesia	Indonésia	meat	carne
Indonesian	indonésio(a)	medicine	remédio
injection/shot	injeção	Mexican	mexicano(a)
Ireland	Irlanda	Mexico	México
Irish	irlandês/irlandesa	milk	leite
Italian	italiano(a)	minute	minuto
Italy	Itália	Monday	segunda-feira
		money	dinheiro
J		months	meses
jacket	jaqueta	mother	mãe
January	janeiro	mother-in-law	sogra
job	emprego	movie (A.)/film (B.)	filme
journalist	jornalista	movie theather (A.)/ cinema (B.)	cinema
juice	suco		
July	julho		
June	junho	**N**	
		near	perto
K		need	precisar
kitchen	cozinha	nephew	sobrinho

Glossário Inglês-Português

New Zealand	Nova Zelândia
New Zealander	neozelandês/neozelandesa
newspaper	jornal
next to	próximo a, ao lado de
niece	sobrinha
November	novembro

O

October	outubro
office	escritório
old	velho
older	mais velho do que
on/to the left	à esquerda
on/to the right	à direita
opposite/across from	do lado oposto
own	possuir

P

pair	par
Pakistan	Paquistão
Pakistani	paquistanês/paquistanesa
pants (A.)/trousers (B.)	calça
parents	pais
passport	passaporte
pepper	pimenta
Philippines	Filipinas
pie	torta
pink	rosa
plane	avião
Portugal	Portugal
Portuguese	português/portuguesa
post office	correio
potatoes	batatas
prescription	receita médica
purple	púrpura

Q

quarter	quarto (medida)

R

rain	chuva
rainy	chuvoso
receipt	recibo
red	vermelho
remember	lembrar
reservation/booking	reserva
rice	arroz
room	cômodo, sala
run	correr
Russia	Rússia
Russian	russo(a)

S

salad	salada
salary	salário
salt	sal
Salvadoran	salvadorenho(a)
sandals	sandálias
Saturday	sábado
scarf	lenço (para usar no pescoço)
school	escola
second	segundo (medida de tempo)
secretary	secretário
see	ver
seem	parecer
Senegal	Senegal
Senegalese	senegalês/senegalesa
September	setembro
shirt	camisa
shoes	sapatos
shorts	short
sick (A.)/ill (B.)	doente
sister	irmã
sister-in-law	cunhada
size	tamanho
skirt	saia
slim (thin)	magro

Glossário Inglês-Português

small	pequeno
smell	cheirar
soccer (A.)/football (B.)	futebol
socks	meias
son	filho
son-in-law	genro
sore throat	dor de garganta
soup	sopa
South Africa	África do Sul
South African	sul-africano(a)
Spain	Espanha
Spanish	espanhol(a)
spring	primavera
stairs	escada, degraus
stomachache	dor de estômago
stop/layover	parada
street	rua
student	estudante
subway (A.)/ underground station (B.)	metrô/estação de metrô
suitcase	mala
summer	verão
Sunday	domingo
sunny	ensolarado
sweater (A.)/jumper (B.)	blusa de lã
swim	nadar
Swiss	suíço(a)
Switzerland	Suíça

T

taste	paladar, gosto
tax (A.)/VAT (B.)	imposto
tea	chá
teacher	professor(a)
(tele)phone	telefone
temperature	febre
tennis	tênis
Thai	tailandês
Thailand	Tailândia
theather (A.)/theatre (B.)	teatro
think	pensar
Thursday	quinta-feira
ticket	bilhete, entrada
tie	gravata
tomorrow	amanhã
toothache	dor de dente
Tourism Information Center (A.)/Centre (B.)	Centro de Informações Turísticas
train station	estação de trem
travel	viajar
trip	viagem
t-shirt	camiseta
Tuesday	terça-feira
Turkey	Turquia
Turkish	turco(a)
uncle	tio

U

understand	entender
United Kingdon	Reino Unido
United States	Estados Unidos

V

vacation (A.)/holidays (B.)	férias
vegetables	verduras
Vietnam	Vietnã
Vietnamese	vietnamita

W

wait	esperar
walk	andar, caminhar
wallet	carteira
want	querer
warm	quente
water	água
wear	vestir, usar

Glossário Inglês-Português

weather	clima, tempo
week	semana
Wednesday	quarta-feira
weigh	pesar
weight/to weight	peso/pesar
white	branco
wife	esposa
wind	vento
window	janela
windy	ventoso
wine	vinho
winter	inverno
woman	mulher
work	trabalhar

Y

yellow	amarelo
yesterday	ontem
young	jovem
younger	mais jovem

Z

zip code (A.)/ post code (B.)	código de endereçamento postal (CEP)

Glossário Inglês-Português

Números

0	zero/oh
1	one
2	two
3	three
4	four
5	five
6	six
7	seven
8	eight
9	nine
10	ten
11	eleven
12	twelve
13	thirteen
14	fourteen
15	fifteen
16	sixteen
17	seventeen
18	eighteen
19	nineteen
20	twenty
21	twenty-one
22	twenty-two
23	twenty-three
24	twenty-four
25	twenty-five
26	twenty-six
27	twenty-seven
28	twenty-eight
29	twenty-nine
30	thirty
40	forty
50	fifty
60	sixty
70	seventy
80	eighty
90	ninety
100	one hundred
101	one hundred (and) one
200	two hundred
500	five hundred
1,000	one thousand
10,000	ten thousand
100,000	one hundred thousand
1,000,000	one million

Dias da semana

Sunday	domingo
Monday	segunda-feira
Tuesday	terça-feira
Wednesday	quarta-feira
Thursday	quinta-feira
Friday	sexta-feira
Saturday	sábado

Meses

January	janeiro
February	fevereiro
March	março
April	abril
May	maio
June	junho
July	julho
August	agosto
September	setembro
October	outubro
November	novembro
December	dezembro

Glossário Inglês-Português

Países/Nacionalidades

Australia / Australian	Germany / German
Belgium / Belgian	Haiti / Haitian
Brazil / Brazilian	India / Indian
Cameroon / Cameroonian	Indonesia / Indonesian
Canada / Canadian	Ireland / Irish
China / Chinese	Italy / Italian
Colombia / Colombian	Korea / Korean
El Salvador / Salvadoran	Mexico / Mexican
France / French	New Zealand / New Zealander

Inglês em 5 minutos diários

Glossário Inglês-Português

Países/Nacionalidades

Pakistan
Pakistani

Philippines
Filipino (m.)/Filipina (f.)

Portugal
Portuguese

Russia
Russian

Senegal
Senegalese

South Africa
South African

Spain
Spanish

Switzerland
Swiss

Thailand
Thai

Turkey
Turkish

United Kingdom
English

United States
American

Vietnam
Vietnamese

Glossário Inglês-Português

Cores

- black — preto
- purple — roxo
- blue — azul
- red — vermelho
- brown — marrom
- white — branco
- green — verde
- yellow — amarelo
- pink — rosa

Estações do ano

- fall/autumn — outono
- winter — inverno 
- summer — verão 
- spring — primavera 

Tamanhos de roupas

Vestidos, saias e casacos femininos

EUA	REINO UNIDO	BRASIL
4	6	38
6	8	40
8	10	42
10	12	44
12	14	46
14	16	48
16	18	50

Camisas masculinas

EUA	REINO UNIDO	BRASIL
14	14	35
14 ½	14 ½	37
15	15	39
15 ½	15 ½	40
16	16	41
16 ½	16 ½	42
17	17	43

Calçados femininos

EUA	REINO UNIDO	BRASIL
5	2 ½	36
6	3 ½	-
7	4 ½	37
8	5 ½	-
9	6 ½	38
10	7 ½	-
11	8 ½	39
12	9 ½	-

Calçados masculinos

EUA	REINO UNIDO	BRASIL
6	5 ½	38
7	6 ½	39
8	7 ½	40
9	8 ½	41
10	9 ½	42
11	10 ½	43
12	11 ½	44
13	12 ½	45

Inglês em 5 minutos diários

Resumo gramatical

Principais substantivos incontáveis

bread	baseball	work
cake	football	homework
cereal	soccer	housework
cheese	tennis	
chicken		
fish	cycling	
food	swimming	
fruit		
ice cream	reading	
meat	shopping	
pie	traveling	
rice		
salt	cash	
pepper	change	
	money	
beer		
coffee	clothing	
juice	health	
milk	information	
soup	luggage	
tea	transportation	
water	weather	
wine		

Principais verbos que não exprimem ação

be	feel	hate	believe	cost
look*	hear	like	forget	have**
seem	see	love	know	own
	smell	need	remember	
	taste	want	think	
		understand		

* *look* é um *non-action verb* quando significa *seem* (parecer):
You *look/seem* tired today.
look é um *action verb* quando é usado com *for* e *at*:
Karen was *looking* for her cat this morning.
She finally found her cat, and now she's *looking* at him.

** *have* é um *non-action verb* quando significa *own* (ter, possuir):
Victoria *has/owns* two cars.
have é um *action verb* quando significa *eat* (comer) ou *drink* (beber):
I'm *having/drinking* coffee right now.

Regras de ortografia

Plural dos substantivos e terceira pessoa do singular (he, she, it) do Simple Present Tense

Acrescente –s à maioria dos substantivos e dos verbos:
house → houses   car → cars
eat → eats   buy → buys

Acrescente –es aos substantivos e verbos que terminam em –s, –x, –z, –ch, –sh:
bus → buses   box → boxes   church → churches   dish → dishes
miss → misses   fax → faxes   buzz → buzzes   catch → catches   wash → washes

Resumo gramatical

Troque –y por –i e acrescente –es aos substantivos e verbos que terminam em consoante + –y:
baby → babies   cherry → cherries
study → studies   fly → flies

Troque as terminações em –fe e –lf dos substantivos por –ves:
knife → knives   life → lives

Presente e Passado Progressivo (–ing)

Acrescente –ing à maioria dos verbos:
talk → talking   eat → eating

Retire o –e antes de adicionar –ing:
make → making   leave → leaving

Troque –ie por –y antes de adicionar –ing:
lie → lying   die → dying

Duplique as consoantes de verbos monossílabos que terminam em vogal + consoante:
stop → stopping   sit → sitting

Não duplique a consoante se o verbo terminar em –w, –x ou –y:
show → showing   mix → mixing
play → playing

Duplique a consoante de verbos com duas ou mais sílabas que terminam em vogal + consoante, cuja última sílaba seja tônica:
begin → beginning occur → occurring

Não duplique a consoante se o verbo terminar em –w, –x ou –y:
allow → allowing   remix → remixing
obey → obeying

Verbos regulares no Passado Simples (–ed)

Acrescente –ed à maioria dos verbos:
watch → watched   talk → talked

Acrescente –d aos verbos terminados em –e:
live → lived   lie → lied

Troque –y por –i nos verbos que terminam em consoante + –y:
try → tried   study → studied

Duplique a consoante nos verbos monossílabos que terminam em vogal + consoante:
stop → stopped

Não duplique a consoante se o verbo terminar em –w, –x ou –y:
show → showed   mix → mixed
play → played

Duplique a consoante de verbos com duas ou mais sílabas que terminam em vogal + consoante, cuja última sílaba seja tônica:
permit → permitted   occur → occurred

Não duplique a consoante se o verbo terminar em –w, –x ou –y:
allow → allowed   remix → remixed
obey → obeyed

Verbos irregulares

Verbo	Passado simples	Particípio
arise	arose	arisen
awake	awoke	awoken
be	was/were	been
beat	beat	beaten
become	became	become
begin	began	begun
bend	bent	bent
bet	bet	bet
bite	bit	bitten
blow	blew	blown
break	broke	broken
bring	brought	brought
build	built	built
burn	burned/burnt	burned/burnt
buy	bought	bought
catch	caught	caught
choose	chose	chosen
come	came	come
cost	cost	cost
creep	crept	crept
cut	cut	cut
dig	dug	dug
dive	dived/dove	dived
do	did	done
draw	drew	drawn
dream	dreamed/dreamt	dreamed/dreamt
drink	drank	drunk
drive	drove	driven
eat	ate	eaten
fall	fell	fallen
feed	fed	fed
feel	felt	felt
fight	fought	fought
find	found	found
fit	fit	fit
flee	fled	fled
fling	flung	flung

Verbos irregulares

Verbo	Passado simples	Particípio
fly	flew	flown
forbid	forbade/forbad	forbidden
forget	forgot	forgotten
forgive	forgave	forgiven
freeze	froze	frozen
get	got	gotten/got
give	gave	given
go	went	gone
grow	grew	grown
hang	hung	hung
have	had	had
hear	heard	heard
hide	hid	hidden
hit	hit	hit
hold	held	held
hurt	hurt	hurt
keep	kept	kept
kneel	knelt	knelt
knit	knit/knitted	knit/knitted
know	knew	known
lay	laid	laid
lead	led	led
leap	leapt	leapt
leave	left	left
lend	lent	lent
let	let	let
lie	lay	lain
light	lit/lighted	lit/lighted
lose	lost	lost
make	made	made
mean	meant	meant
meet	met	met
pay	paid	paid
prove	proved	proved/proven
put	put	put
quit	quit	quit
read	read	read
ride	rode	ridden

Verbos irregulares

Verbo	Passado simples	Particípio
ring	rang	rung
rise	rose	risen
run	ran	ran
say	said	said
see	saw	seen
seek	sought	sought
sell	sold	sold
send	sent	sent
set	set	set
sew	sewed	sewn/sewed
shake	shook	shaken
shave	shaved	shaved/shaven
shoot	shot	shot
show	showed	shown
shrink	shrink/shrank	shrunk/shrunken
shut	shut	shut
sing	sang	sung
sink	sank	sunk
sit	sat	sat
sleep	slept	slept
slide	slid	slid
speak	spoke	spoken
speed	sped	sped
spend	spent	spent
spill	spilled/spilt	spilled/split
spin	spun	spun
spit	spit/spat	spat
split	split	split
spread	spread	spread
spring	sprang	sprung
stand	stood	stood
steal	stole	stolen
stick	stuck	stuck
sting	stung	stung
strike	struck	struck
swear	swore	sworn
sweep	swept	swept
swim	swam	swum

Verbos irregulares

Verbo	Passado simples	Particípio
swing	swung	swung
take	took	taken
teach	taught	taught
tear	torn	torn
tell	told	told
think	thought	thought
throw	threw	thrown
understand	understood	understood
upset	upset	upset
wake	woke	woken
wear	worn	worn
weep	wept	wept
win	won	won
wind	wound	wound
withdraw	withdrew	withdrawn
write	wrote	written

Respostas das atividades

Unidade 1 Lição 1

Atividade A 1 V; 2 V; 3 F; 4 V

Atividade B

My name is Lisa. **What's your name?**; My name's Jake. **Nice to meet you.**; I'm from England. **Where are you from?**; I'm from **the United States**.

Lição 2

Atividade A

1 Hello!/Hi!; 2 What is/What's your name?; 3 Where are you from?; 4 Goodbye!/Bye!; 5 I am/I'm sorry. I have to go.

Atividade B

1 Good afternoon!; 2 Good night!; 3 Good morning!

Lição 3

Atividade A

Europa, da esquerda para a direita: 1; 2
América do Norte, de cima para baixo: 4; 3

Atividade B

Da esquerda para a direita: 4; 1; 3; 2

Lição 4

Atividade A

1 I; 2 she; 3 he; 4 you

Atividade B

1 they; 2 they; 3 you

Atividade C

1 I; 2 she; 3 he; 4 they; 5 they

Lição 5

Atividade A

Idioma: English, English
Nacionalidade: American, British

Atividade B

1 a; 2 a; 3 b; 4 b

Lição 6

Atividade A

1 Canadian; 2 Mexican; 3 Indian; 4 Vietnamese

Atividade B

1 Spanish; 2 Italian; 3 English; 4 American; 5 French

Lição 7

Atividade A

1 I'm French.; 2 Are you English?; 3 I don't speak English very well.; 4 I speak very little English.

Sua vez

Question 1: Where are you from?
Answer 1: I'm from Great Britain.
Question 2: What language do you speak?
Answer 2: I speak English.

Lição 8

Atividade A

1 am; 2 is; 3 are; 4 is

Atividade B

1 are; 2 are; 3 are; 4 are

Atividade C

Raphaël	Where **are** you from?
Jane	**I'm** from England. **Are** you Spanish?
Raphaël	**I'm** French and Paloma **is** Mexican.

Revisão

Atividade A

Name	Country	Nationality
Pierre	France	**French**
Cassandra	**Canada**	Canadian
Brian	the United States	**American**
Katie	**England**	English
Paloma	Spain	**Spanish**

Atividade B

1 Laura is English.; 2 Carlos and Marta are Colombian.; 3 Manmohan is Indian.; 4 You're Canadian.; 5 Terre is Australian.

Atividade C

Guide	**Hello!** Welcome to the United States!
Javier	Hello! **My name's/I'm** Javier. **What's** your name?
Guide	**My name's/I'm** Joe. Nice to meet you.
Javier	Nice to meet you too. **Are** you American?
Guide	Yes. **And where are you** from?
Javier	**I'm** from Mexico. **Do you** speak Spanish?
Guide	A little.
Javier	I'm sorry, my English **is not** very good.
Guide	No, your English **is** very good!

Atividade D

V	K	C	X	U	P	I	N	D	I	A	D	C	N	M	K
K	R	U	S	A	Y	J	S	J	Y	B	V	A	G	L	R
O	O	A	I	X	X	B	P	B	A	Y	M	N	R	I	J
R	S	A	U	S	T	R	A	L	I	A	N	A	Q	C	E
E	R	M	V	G	W	Q	I	W	E	J	T	D	A	F	Z
A	X	Z	V	G	N	D	N	I	R	E	L	A	N	D	F
P	D	V	S	U	Q	K	M	E	X	S	P	M	Z	Z	W
G	E	A	Y	A	D	B	L	S	F	Q	Z	U	Z	W	O

Desafio

Da América do Norte: North American; Da América do Sul: South American

Atividade E

1 Hello! My name **is** Laura.; 2 We are **from** Canada.; 3 John is from England. He is **English**.; 4 Mei is **from** China.; 5 I speak **English**.; 6 We **are** from the Philippines.

Respostas das atividades

Unidade 2 Lição 1

Atividade A

1 F; 2 F; 3 V; 4 V

Atividade B

1 boys; girls; men; women 2 houses; buildings; cars; taxis 3 cats; dogs

Sua vez

As respostas poderão variar.

Lição 2

Atividade A

1 a- a girl; b- a boy; c- a woman; d- a man.
2 a- a man; b- a bus; c- a dog; d- a boy; e- a house; f- a cat; g- a woman; h- a car

Atividade B

1 a; 2 a; 3 a; 4 an; 5 an; 6 a; 7 an; 8 a

Lição 3

Atividade A

1 Look at the people!; 2 Look at the animals!

Atividade B

As respostas poderão variar. Possíveis respostas:
Dear Marta, I'm having a great time here, and I'm learning a little English. Turn over my postcard and look at the streets! There's a taxi. Look at the typical buildings and the people! I miss you. Blanca

Lição 4

Atividade A

1 men; 2 women; 3 children; 4 houses

Atividade B

1 the; 2 –; 3 The; 4 The; 5 the; 6 –

Lição 5

Atividade A

1 Jameson; 2 June 30, 1978; 3 Akron, Ohio; 4 2017

Atividade B

As respostas poderão variar.

Lição 6

Atividade A

fifteen, sixteen, seventeen, eighteen, nineteen, twenty, twenty-one, twenty-two, twenty-three, twenty-four, twenty-five, twenty-six, twenty-seven, twenty-eight, twenty-nine, thirty

Atividade B

1 one; 6 six; 13 thirteen; 18 eighteen; 10 ten; 30 thirty; 4 four; 9 nine; 12 twelve; 15 fifteen; 22 twenty-two; 14 fourteen

Atividade C

1 11; 2 21 Harvey Street; 3 718 375 4219; 4 58296

Lição 7

Atividade A

As respostas poderão variar.

Atividade B

1 a; 2 a; 3 a; 4 b

Lição 8

Atividade A

	Affirmative	Negative	Question
I	work	don't work	Do I work?
you	work	don't work	Do you work?
he/she/it	works	doesn't work	Does he/she/it work?
we	work	don't work	Do we work?
you	work	don't work	Do you work?
they	work	don't work	Do they work?

Atividade B

1 visit; 2 is speaking; 3 am working; 4 study; 5 like; 6 is reading

Revisão

Atividade A

1 three boys; 2 one house; 3 two telephones/phones/cell phones; 4 five girls

Atividade B

1 Andrew lives at 8 Sixth Avenue.; 2 Sally's phone number is four-eight-two nine-one-three seven-three-nine-one.; 3 Corrine and Mark live at 30 Little Road.; 4 Andrew's phone number is four-four-two-zero two-two-seven-eight three-six-two-five.; 4 Sally lives at 25 Huron Street.

Atividade C

1 a; 2 an; 3 a; 4 some

Atividade D

As respostas poderão variar.
My name is…; My phone number is…; My address is…; My zip code is…; My date of birth is…; Thank you!

Respostas das atividades

Unidade 3 Lição 1

Atividade A

1 It's half past six.; 2 It ends in twenty five-minutes.; 3 It lasts forty-eight minutes.; 4 Knicks 48, Bulls 42.

Atividade B

1 What time is it?; 2 It's half past six.; 3 It's early! When does the game end?; 4 It ends in twenty-five minutes.

Lição 2

Atividade A

1 It's early!; 2 It's late!; 3 It's early!; 4 It's late!

Atividade B

1 It's a quarter past seven.; 2 It's a quarter to four.; 3 It's a quarter past one.; 4 It's six thirty.; 5 It's a quarter past ten.

Lição 3

Atividade A

1 forty-four; 2 thirty-two; 3 sixty-seven; 4 fifty-eight

Atividade B

1 It ends in one hour and fifteen minutes.; 2 It ends in two hours.; 2 It ends in five minutes.; 3 It ends in one hour and forty five minutes.; 4 It ends in half an hour.

Sua vez

As respostas poderão variar.
I usually wake up at…; I usually eat breakfast at…; I usually go to work/school at …; I usually go to bed at…

Lição 4

Atividade A

1 on; 2 behind; 3 between

Atividade B

1 around; 2 out of; 3 past

Lição 5

Atividade A

1 a; 2 b; 3 a; 4 b

Atividade B

1 Julia has to do her homework.; 2 Julia has to call Carlos.; 3 Julia has to do the laundry.; 4 Julia has to exercise.

Lição 6

Atividade A

1 Tuesday; 2 Monday and Thursday; 3 Friday; 4 Wednesday and Saturday; 5 Sunday

Atividade B

1 Thursday, February 24th; 2 Monday, November 17th; 3 Saturday, June 5th; 4 Wednesday, September 21st; 5 Friday, April 3rd; 6 Tuesday, January 31st; 7 Sunday, October 12th; 8 Thursday, March 25th; 9 Sunday, August 22nd

Lição 7

Atividade A

1 b; 2 b; 3 a; 4 b

Atividade B

1 What day is today?; 2 What's the date today?; 3 What month is it?; 4 What year is it?

Lição 8

Atividade A

1 c; 2 a; 3 b

Atividade B

1 He is making a cake.; 2 Lucio is doing the gardening.; 3 Sheila is doing the laundry.; 4 Jane and Betty are making a decision.; 5 Isabella is making tea.; 6 Li is making the bed.; 7 Abdul and Badra are doing homework.; 8 Cynthia is making a phone call.; 9 Khanh is doing the dishes.; 10 Paul is doing housework.; 11 Janis is making a mistake.

Sua vez

As respostas poderão variar.

Revisão

Atividade A

As respostas poderão variar. Possíveis respostas:
1 She does her homework at twelve thirty.; 2 She washes the clothes at a quarter to nine/eight forty-five.; 3 She sweeps the floor at six o'clock.; 4 She exercises at a quarter to eight.; 5 She calls Julia at a quarter past eleven.

Atividade B

1 It ends in one hour, thirty-one minutes and two seconds.; 2 It ends in two hours, thirty-four minutes and thirteen seconds.; 3 It ends in twenty-seven seconds.; 4 It ends in twelve minutes and thirty-nine seconds.

Atividade C

1 Tuesday, February 23rd; 2 Wednesday, February 3rd; 3 Thursday, February 18th; 4 Saturday, February 13th.; 5 Monday, February 15th

Desafio

As respostas poderão variar.

Respostas das atividades

Unidade 4 Lição 1

Atividade A

1 F; 2 V; 3 F; 4 F

Atividade B

1 a; 2 a; 3 b; 4 b; 5 b

Lição 2

Atividade A

1 family; 2 father; 3 mother; 4 sister; 5 husband.

Atividade B

1 brother; 2 sister; 3 mother; 4 father; 5 parents; 6 son; 7 daughter; 8 children; 9 wife; 10 husband

Lição 3

Atividade A

1 Do you have a big family?
2 Yes, I have a big family. And do you have a big family?
3 No. My family is small. I just have one sister.
4 I've got three brothers and two sisters. Look at this photo.
5 What a big family!

Atividade B

1 It's a small family.; 2 It's a big family.; 3 It's a big family.; 4 It's a small family.

Sua vez

As respostas poderão variar.

Lição 4

Atividade A

1 my; 2 your; 3 Their; 4 my; 5 your; 6 her; 7 His; 8 our

Atividade B

1 e; 2 b; 3 d; 4 c; 5 f; 6 a

Lição 5

Atividade A

1 grandfather; 2 parents; 3 cousin; 4 niece

Atividade B

1 mother; 2 cousin; 3 grandmother; 4 nephew

Lição 6

Atividade A

1 V; 2 F; 3 V; 4 V

Atividade B

1 a; 2 b; 3 b; 4 a; 5 b; 6 b

Lição 7

Atividade A

1 d; 2 a; 3 c; 4 b; 5 e

Atividade B

1 Do you have any cousins?; 2 Do you have any uncles?; 3 Do you have any nephews? 4 Do you have any brothers (and sisters)?

Sua vez

As respostas poderão variar.

Lição 8

Atividade A

1 b; 2 a; 3 a; 4 b; 5 a

Atividade B

1 He has an uncle.; 2 My uncle has some nieces.; 3 I have a sister-in-law.; 4 She has some brothers.

Sua vez

As respostas poderão variar.

Revisão

Atividade A

Janet   That's my **grandfather**, Alfie. And that's my **grandmother**, Diane.
Paul   And who is that girl?
Janet   That's my **cousin**, Penelope, and that's my **cousin**, Mike.
Paul   Is that lady your mother?
Janet   No, she's my **aunt**, Connie. Penelope and Mike are her **step-children**.
Paul   Who's that woman?
Janet: She's Linda, my **mother**.

Atividade B

1 her aunt; 2 her mother; 3 her cousins; 4 her grandparents.

Desafio

Do you have any brothers and sisters? Do you have a lot of cousins? Do you have any nieces or nephews?

Atividade C

Paul   Is **this/that** boy your nephew?
Alfie   No, he's my grandson.
Paul   Who are **these/those** children?
Alfie   They are my grandchildren.
Paul   Is **this/that** man your son?
Alfie   No, he's my nephew! **These/Those** men are my sons.

Atividade D

1 There are two children.; 2 There are three children.; 3 There are two children.; 4 There is one child.

Respostas das atividades

Unidade 5 Lição 1
Atividade A
1 V; 2 V; 3 F; 4 F
Atividade B
1 a; 2 b; 3 b; 4 b

Lição 2
Atividade A
1 fruit; 2 coffee; 3 cereal; 4 beer
Sua vez
As respostas poderão variar.

Lição 3
Atividade A
1 I'm hungry.; 2 I'm thirsty.; 3 I'm hungry.; 4 I'm thirsty.; 5 I'm hungry.; 6 I'm thirsty.
Atividade B
1 I'd like; 2 I'd fancy; 3 I'd fancy; 4 I'd like
Atividade C
1 breakfast; 2 lunch; 3 dinner

Lição 4
Atividade A
1 Where; 2 What; 3 When; 4 Which; 5 Who
Atividade B
1 a; 2 b; 3 a; 4 a
Atividade C
1 Why; 2 Who; 3 When; 4 Where
Sua vez
1 What's your mother's name?; 2 What time is it?; 3 Who are they?; 4 Where does she live?

Lição 5
Atividade A
1 a; 2 b; 3 b; 4 a
Atividade B
2; 3; 1; 4

Lição 6
Atividade A
1 appetizer; 2 main course; 3 dessert; 4 main course
Atividade B
1 The bruschetta is an appetizer.; 2 The steak/meat is a main course.; 3 The cake is a dessert.

Sua vez
As respostas poderão variar.

Lição 7
Atividade A
1 Enjoy your meal.; 2 Could/Can I have the bill, please?; 3 Could/Can I see the wine list, please?; 4 My food tastes really good.
Atividade B
1 b; 2 a; 3 b; 4 a
Sua vez
As respostas poderão variar.

Lição 8
Atividade A
1 a; 2 b; 3 a; 4 a
Atividade B
1 permission; 2 request; 3 request; 4 permission
Sua vez
As respostas poderão variar.

Revisão
Atividade A
1 has; 2 is; 3 are; 4 are; 5 have; 6 have; 7 is; 8 are
Atividade B
Appetizers: Soup, Shrimp cocktail
Main course: Burger and fries, Chicken with rice
Dessert: Apple pie, Chocolate cake
Atividade C

Bill	I'm hungry.
Angela	What would you like to eat?
Bill	I'd like some chicken.
Angela	Let's go to a restaurant.
Bill	Where is the restaurant?
Angela	It's that way.
Angela	What would you like for the main course?
Bill	I'd like chicken.
Angela	Waiter, can I have the check/bill, please?

Desafio
As respostas poderão variar.

Respostas das atividades

Unidade 6 Lição 1

Atividade A

1 It's five degrees Celsius.; 2 It's fifty degrees Fahrenheit.; 3 It's cold and sunny.; 4 It's windy and it's raining.

Atividade B

1 It's twenty degrees Fahrenheit.; 2 It's fourteen degrees Celsius.; 3 It's eighty-five degrees Fahrenheit.; 4 It's twenty-nine degrees Celsius.

Lição 2

Atividade A

1 c; 2 d; 3 a; 4 b

Atividade B

1 a; 2 b; 3 b; 4 b

Atividade C

As respostas poderão variar.

Lição 3

Atividade A

What's the temperature? 35°C, 65°F, 20°C
What's the weather like? It's raining., It's warm., It's cold.

Atividade B 1 b; 2 d; 3 a; 4 c

Atividade C 1 a; 2 a; 3 b; 4 a

Lição 4

Atividade A

1 d; 2 c; 3 a; 4 b; 5 e

Atividade B

1 a big red ball; 2 a beautiful sunny day; 3 a tall young boy; 4 a fast French car

Sua vez

As respostas poderão variar.

Lição 5

Atividade A

Atividades que Kevin pratica no verão: plays soccer, swims, runs.
Roupas que Kevin usa no inverno: a hat, a scarf, a coat, gloves

Atividade B

1 plays soccer; 2 the U.S.; 3 summer; 4 winter

Lição 6

Atividade A

As respostas poderão variar. Possíveis respostas:
1 It's fun.; 2 It's fun.; 3 It's boring; 4 It's boring.

Atividade B

1 What are you doing?; 2 What do you usually do in the summer?; 3 I usually… in the winter.; 4 That's right./You're right.

Sua vez

As respostas poderão variar.

Lição 7

Atividade A

1 shoes; 2 gloves; 3 hat; 4 jacket

Atividade B

1 fall; 2 spring; 3 winter; 4 summer

Atividade C

1 hat, coat, gloves, scarf, shoes; 2 jacket, shoes; 3 hat, sandals, shorts; 4 jacket, shoes

Lição 8

Atividade A

1 worked; 2 played; 3 liked; 4 looked

Atividade B

1 Did they walk to school?; 2 Did they finish their homework?; 3 Did they need some money?; 4 Did she call?

Atividade C

1 No, I didn't finish the cake.; 2 Yes, she called John.; 3 No, they didn't speak English.; 4 Yes, they waited for me.; 5 No, he didn't need to leave.; 6 Yes, they walked here.

Revisão

Atividade A

It's raining.; 2 It's cold.; 3 It's windy.; 4 It's cloudy.

Atividade B

A	P	E	V	Z	L	Z	S	C	S	H	K	W	S	J
X	U	L	A	C	H	A	Q	U	E	T	A	W	U	V
Q	P	T	C	X	Q	Z	M	K	D	Y	D	P	M	C
F	D	S	U	A	P	R	A	I	N	V	E	R	M	E
X	D	W	B	M	N	A	B	R	Z	E	K	P	E	S
Q	Á	L	I	L	N	N	O	L	E	A	D	O	R	T
F	Q	R	A	T	E	M	P	E	R	A	T	U	R	E
P	Z	E	Z	Q	T	Y	M	Q	A	W	P	E	H	R
Y	E	T	T	V	D	E	E	I	D	Y	D	L	L	F
A	I	N	Z	N	A	R	R	G	Q	J	N	J	K	W
B	K	I	I	Z	R	H	R	S	P	R	I	N	G	D
S	Q	W	O	N	S	S	N	U	S	J	R	F	U	U
I	T	Y	T	A	E	Á	R	D	B	X	L	Q	X	S

Atividade C

1 What does it feel like?; 2 What does it taste like?; 3 What does it smell like?; 4 What does it look like?

Atividade D

Yes, I invited them.; No, I didn't call Leslie.; Did I finish cooking the food?

Desafio

As respostas poderão variar.

Respostas das atividades

Unidade 7 Lição 1

Atividade A

1 c; 2 b; 3 b

Atividade B

1 Can I help you?; 2 What size are you looking for?; 3 And which color would you like?; 4 Would you like to try it on?

Lição 2

Atividade A

1 a; 2 a; 3 a; 4 a

Atividade B

1 I'm looking for a shirt.; 2 I need a medium, please.; 3 I want to buy a coat.; 4 I'd like a red coat, please.

Lição 3

Atividade A

1 t-shirt; 2 pants; 3 dress; 4 shirt; 5 skirt

Atividade B

1 a; 2 b; 3 a; 4 a

Lição 4

Atividade A

1 on; 2 on; 3 out; 4 off

Atividade B

1 many; 2 much; 3 many; 4 much; 5 many

Atividade C

1 Yes, but I don't have much.; 2 Yes, but I don't have much.; 3 Yes, but I don't have many.; 4 Yes, but I don't have much.; 5 Yes, but I don't have many.; 6 Yes, but I don't have many.

Lição 5

Atividade A

1 b; 2 a; 3 b

Atividade B

1 a; 2 a; 3 b; 4 a

Lição 6

Atividade A

1 Do you take credit cards?; 2 How much is the/this/that skirt?; 3 Do you accept checks?; 4 I'm going to pay with a credit card.; 5 How much is the/this/that pair of pants?; 6 I want to buy a skirt.

Atividade B

1 expensive; 2 cheap; 3 expensive; 4 cheap

Lição 7

Atividade A

1 checks; 2 credit card; 3 receipt

Atividade B

Pooja	I want to buy those dresses but I don't have **much** money. How about you?
James	I don't have **much** money but I've got five credit cards.
Pooja	Really? I haven't got **many** credit cards but I've got some cash and a check book.
James	How **much** cash do you have?
Pooja	I have $78 in cash.
James	Good. I think we have enough to pay for some dresses. How **many** dresses do you want?

Sua vez

As respostas poderão variar.

Lição 8

Atividade A

1 more than; 2 less than; 3 less than; 4 more than

Atividade B

1 anyone; 2 Someone; 3 anything; 4 anything

Revisão

Atividade A

Simon	Hello, I'd like to look at that blue shirt. How **much** is it, please? And do you have the shirt in any other color?
Salesperson	It's $25. Yes, we have several colors.
Simon	How **many** colors do you have?
Salesperson	There are four colors. Red, yellow, blue and green.
Simon	I'd like two green shirts, three blue shirts and one red shirt, please!
Salesperson	Sorry, how **many** blue shirts do you want?
Simon	I want three, please.
Salesperson	That's a lot of shirts. Are they for you?
Simon	No, they're for my cousins. How **much** is that altogether, please?
Salesperson	That's $150, please. How would you like to pay?
Simon	With a credit card.

Atividade B

1 The t-shirt costs less than the skirt./The skirt costs more than the t-shirt.; 2 The socks cost less than the dress./The dress costs more than the socks.; 3 The coat costs more than the shoes./The shoes cost less than the coat.; 4 The pants cost less than the tie./The tie costs more than the pants.

Atividade C

1 checks; 2 skirt; 3 shirt; 4 receipt; 5 cash; 6 small; 7 pink; 8 trousers

Respostas das atividades

Unidade 8 Lição 1

Atividade A 1 fly; 2 take; 3 walk

Atividade B
1 They're in Central Park in New York.; 2 They want to go to the Tourist Information Center in Times Square.; 3 They can take the bus or the subway.; 4 No, she doesn't. Muhammad prefers to walk.

Lição 2

Atividade A
library; subway station; school; church; train station; bus stop; post office; supermarket

Atividade B
1 b; 2 b; 3 b; 4 a

Lição 3

Atividade A
1 I want to take the bus. Where is the bus stop?; 2 I want to take the train. Where is the train station?; 3 I want to take the subway. Where is the subway station?

Atividade B
1 Where is the train station?; 2 How do I get to the subway station?; 3 The station is near the school.; 4 Let's buy a map.

Atividade C
As respostas poderão variar. Possíveis respostas:
Well, first go to the bus stop across the street and take bus number 9. Get off the bus at Penn Station. Then take the train to Boston.

Sua vez
As respostas poderão variar.

Lição 4

Atividade A
Here I am in Canada. It was a long journey but the weather is very nice. Yesterday I took the plane at eight thirty and I arrived here at 10 o'clock in the morning. I went to the hotel and went to bed! I slept for one hour and then went downtown. I saw a lot of interesting buildings and stores there. I bought some postcards and ate a hamburger and then I came back to the hotel.

Atividade B
1 I ate breakfast at 8:00 AM.; 2 Monica took the bus. ; 3 Jung Yun was in Korea.; 4 We had a nice hotel.

Lição 5

Atividade A 1 a; 2 b; 3 a; 4 a

Atividade B 12 PM; 1 PM

Lição 6

Atividade A 1 b; 2 d; 3 e; 4 a; 5 c

Atividade B
1 suitcase; 2 plane; 3 airport; 4 passport; 5 ticket

Lição 7

Atividade A
1 My flight arrived at 12:30 PM.; 2 Where's the departure gate?; 3 How much does the ticket cost?; 4 I want to go to a nice hotel.

Atividade B 1 a; 2 b; 3 a

Atividade C
1 The flight to Seattle was at 5:25 PM.; 2 Flight EZY5259 to Los Angeles departed at 4:35 PM.; 3 Flight VZX7250 arrived in Miami.; 4 The flight to Memphis was at 5:20 PM.

Sua vez
As respostas poderão variar. Possíveis respostas:
The next flight for New York is number 1699. It departs at 10:23 AM and arrives at 1:30 PM.

Lição 8

Atividade A
1 My flight will arrive at Gate 10.; 2 When is my flight going to depart?; 3 Where are you going to go on your vacation?; 4 I'll meet you at the train station.

Atividade B
As respostas poderão variar.

Atividade C 1 b; 2 b; 3 b; 4 a

Revisão

Atividade A
1 went; 2 walked; 3 looked; 4 bought; 5 got; 6 were

Atividade B
Tomorrow I'm going to London, England. My flight leaves at 8 o'clock in the morning. I must be at the airport at six o'clock. It's very early! I have my ticket and my passport and my luggage. I arrive in London at 10 o'clock and then I must find the bus to go to the hotel. The hotel is near Trafalgar Square. It's behind a church. Tomorrow I want to visit/to go to the National Gallery and then go to/visit the Tate Museum. I need some English money. Where did I put it?

Atividade C
1 a; 2 a; 3 a; 4 b

Desafio

bring	brought
see	saw
wear	wore
read	read
pay	paid
put	put
fly	flew
speak	spoke
write	wrote
swim	swam
cost	cost

Respostas das atividades

Unidade 9 Lição 1

Atividade A 1 b; 2 a; 3 b; 4 a

Atividade B
1 worked; 2 wrote; 3 popular culture; 4 will start

Atividade C 1 will; 2 won't; 3 will; 4 won't

Lição 2

Atividade A
Escolar: classroom; student; teacher
Trabalho: job; office; employer

Atividade B As respostas poderão variar.

Atividade C
a: a classroom; b: a student; c: a teacher
a: an office; b: a journalist; c: a journalist

Lição 3

Atividade A
1 I'm a teacher.; 2 I'm a journalist.; 3 I want to be a journalist.; 4 I want to be a teacher.

Atividade B
1 What do you do (for a living)?; 2 I'm a journalist.; 3 What do you want to do later on in life?; 4 I want to be a teacher.; 5 I am a salesperson.

Sua vez
As respostas poderão variar. Possíveis respostas:
What do you teach? I teach Math.; Where do you teach? I teach in a high school.; How old are your students? They're teenagers.; What do you like about your job? I like my students.; What don't you like about your job? I don't like grading tests.

Lição 4

Atividade A
1 has worked; 2 Have they worked; 3 have worked; 4 have you worked; 5 I've worked

Atividade B
1 has she lived here; 2 have they lived; 3 have you studied English; 4 you worked as a police officer for a long time

Sua vez As respostas poderão variar.

Lição 5

Atividade A
1 human resources coordinator; 2 three years; 3 NatWest Bank; 4 Job Consulting Inc.; 5 gain more experience in a larger company and to have more responsibility.

Atividade B
A primeira frase refere-se a uma ação no passado. Ele trabalhou na NatWest antes, mas não trabalha lá agora. A segunda frase refere-se a uma ação que começou no passado, mas ainda continua acontecendo. Ele trabalhou lá antes e continua trabalhando agora.

Lição 6

Atividade A 1 a; 2 b; 3 a; 4 b

Atividade B
1 business; 2 salary; 3 assistant; 4 company; 5 boss; 6 secretary; 7 job

Sua vez As respostas poderão variar.

Lição 7

Atividade A
1 Why do you want to be a journalist?; 2 I like to help other people.; 3 How long have you worked in a big company?; 4 I've worked at my company for two years.

Atividade B
1 hotter; 2 better; 3 more expensive; 4 faster; 5 more boring

Atividade C
As respostas poderão variar.

Lição 8

Atividade A

Base Form	Simple Past	Past Participle
buy	bought	bought
do	did	done
drive	drove	driven
eat	ate	eaten
go	went	gone
get	got	got
leave	left	left
say	said	said
speak	spoke	spoken
take	took	taken
write	wrote	written

Atividade B
1 have read; 2 has taught; 3 have been; 4 have had; 5 has eaten; 6 has done

Revisão

Atividade A 1 b; 2 a; 3 a; 4 a

Atividade B
1 When will they work?; 2 Where did she work?; 3 Why does he work?; 4 What does he do (for a living)?; 5 Which office does she have?

Atividade C
1 The United States is bigger than New Zealand.; 2 The Nile River is longer than the Mississippi River.; 3 Madrid is colder than Hanoi in winter.; 4 The Eiffel Tower is taller than Big Ben.

Atividade D As respostas poderão variar.

Desafio
As três formas (a forma básica, o passado simples e o particípio passado) são iguais.

Respostas das atividades

Unidade 10 Lição 1

Atividade A
1 b; 2 a; 3 b; 4 b

Atividade B
1 Yes, he will.; 2 Pick up her clothes.; 3 Tidy up the living room.; 4 Clean and paint.

Lição 2

Atividade A
As respostas poderão variar.

Atividade B
1 living room; 2 kitchen; 3 bedroom; 4 bathroom; 5 dining room

Lição 3

Atividade A
1 Can you give me a hand?/Can you help me?; 2 I'm sorry (I'm afraid), I can't help you; .3 What do you want me to do?; 4 I'll do it right away.

Atividade B
2; 3; 4; 1

Lição 4

Atividade A
1 a; 2 b; 3 b; 4 a

Atividade B
Organize your closet!; Paint the wall!; Pick up your clothes!; Clean the floor!

Lição 5

Atividade A
1 a; 2 b; 3 b; 4 b

Atividade B
1 They went to a rock concert.; 2 Yes, they had a good time at the concert.; 3 She went shopping yesterday.; 4 After shopping she went to a nightclub.

Atividade C
1 The day before yesterday she went to a rock concert.; 2 Yesterday she went shopping.; 3 Last night she went to a nightclub.

Lição 6

Atividade A
1 a nightclub; 2 a movie theater; 3 a theater; 4 a concert

Atividade B
1 yesterday; 2 the day before yesterday; 3 last week; 4 last night

Atividade C
As respostas poderão variar.

Lição 7

Atividade A
1 What did you do last week?; 2 What do you want to do?; 3 I want to go out.; 4 I want to stay at home.

Atividade B
3; 2; 1; 6; 7; 4; 5
Ed decides to stay home tonight.

Atividade C
As respostas poderão variar.

Sua vez
As respostas poderão variar.

Lição 8

Atividade A
1 were painting; 2 was making; 3 Were you watching; 4 was eating

Atividade B
1 Scott was working.; 2 Katrina and Carl were talking.; 3 Mia was shopping.; 4 Monique was looking at a map.

Sua vez
As respostas poderão variar.

Revisão

Atividade A
1 film; 2 dance; 3 paint; 4 kitchen; 5 bathroom

Atividade B
1 d; 2 f; 3 c; 4 e; 5 a; 6 b

Atividade C
1 a; 2 b; 3 a; 4 b

Atividade D
1 went; 2 I'll/I will; 3 Have you lived; 4 make; 5 cleaned

Desafio
As respostas poderão variar.

Respostas das atividades

Unidade 11 Lição 1

Atividade A 1 a; 2 b; 3 b; 4 b

Atividade B 1 a; 2 b; 3 a

Atividade C

As respostas poderão variar. Possíveis respostas:
Hi Melanie! I'm not sick anymore. Let's play tennis tomorrow/on Sunday. Roberto

Lição 2

Atividade A
1 swimming; 2 soccer; 3 tennis; 4 cycling

Atividade B
Alone: cycling; swimming
With other people: baseball; soccer; tennis

Sua vez
As respostas poderão variar.

Lição 3

Atividade A
1 I'm in good health.; 2 I'm in good shape.; 3 How do you feel?; 4 I want to lose weight.

Atividade B 1 a; 2 b; 3 b; 4 a

Sua vez
As respostas poderão variar.

Lição 4

Atividade A
1 b; 2 a; 3 a; 4 a

Atividade B
1 Marta loves riding her bicycle, and she loves playing tennis.; 2 We felt tired, so we didn't go to the gym.; 3 I like soccer, but I don't play it very well.; 4 Simon was bored, so he decided to watch baseball on TV.

Sua vez
As respostas poderão variar. Possíveis respostas:
1 It's going to rain, so you should bring an umbrella.; 2 They'll cook dinner, and then they'll eat.; 3 He's cleaning the floor, but he's not going to do the dishes.; 4 She's studying, and she's learning a lot.

Lição 5

Atividade A 1 b; 2 a; 3 b; 4 b

Atividade B 1 a; 2 a; 3 a; 4 a

Atividade C
temperature; headache; coughs and sneezes; (doctor's) prescription

Lição 6

Atividade A 1 b; 2 b; 3 a; 4 b

Atividade B
1 Antonio has a stomachache.; 2 Teresa has a cold.; 3 Arnaud has a headache.; 4 Nina has a toothache.

Sua vez
As respostas poderão variar. Possíveis respostas:
1 Antonio needs to stop eating.; 2 Teresa needs to see a doctor.; 3 Arnaud needs to take aspirin.; 4 Nina needs to see a dentist.

Lição 7

Atividade A
1 My wrist hurts.; 2 Her back hurts.; 3 Her feet hurt.; 4 His arm hurts.

Atividade B
1 myself; 2 herself; 3 ourselves; 4 himself; 5 themselves

Sua vez As respostas poderão variar.

Lição 8

Atividade A
1 F; 2 V; 3 F; 4 F

Atividade B
As respostas poderão variar.

Atividade C
1 rarely; 2 usually; 3 never; 4 often

Sua vez As respostas poderão variar.

Revisão

Atividade A

Jim	I want to lose weight.
Mick	I want to gain weight.
Jim	I'm in bad shape.
Mick	I'm in good shape.
Jim	I feel better.
Mick	I feel worse.
Jim	I never take medicine.
Mick	I always take medicine.

Atividade B
1 I have a headache.; 2 I played tennis yesterday.; 3 She plays baseball well.; 4 We exercise a lot.; 5 I hurt myself./He hurt himself.; 6 They never go swimming.

Atividade C
1 cycling; 2 tennis; 3 headache; 4 medicine; 5 temperature; 6 dentist

Desafio As respostas poderão variar.

Créditos das fotos

Miolo

p. 8: © Orange Line Media 2008/Shutterstock, Inc., © Jason Stitt 2008/Shutterstock, Inc., © Jason Stitt 2008/Shutterstock, Inc., p. 9: © Dmitriy Shironosov 2008/Shutterstock, Inc., © 2008/Comstock, © 2008/Comstock, , p. 10: © Awe Inspiring Images/Shutterstock, Inc., © Lars Christensen/Shutterstock, Inc., p. 11: © Lisa F. Young/Shutterstock, Inc., © Bobby Deal/RealDealPhoto/Shutterstock, Inc., © 2008/Ablestock, © 2008/Comstock, © 2008/Comstock, © Yuri Arcurs 2008/Shutterstock, Inc., © Konstantynov 2008/Shutterstock, Inc., © Getty Images 2008/Jupiter Images, Inc., © 3drenderings 2010/Shutterstock, Inc., © S.M. 2010/Shutterstock, Inc., p. 13: © Sandra G/Shutterstock, Inc., © Nayashkova Olga 2010/Shutterstock, Inc., © Lukas Wroblewski 2008/Shutterstock, Inc., © Pilar Echevarria 2008/Shutterstock, Inc., © Edyta Pawlowska 2008/Shutterstock, Inc., © matin 2010/Shutterstock, Inc., p. 14: © S-Borisov 2010/Shutterstock, Inc., p. 15: © Yuri Arcurs/Shutterstock, Inc., © DmitriyShironosov 2008/Shutterstock, Inc., p. 17: © Pavel Sazonov 2008/Shutterstock, Inc., © Tyler Olson 2010/Shutterstock, Inc., © Steve Allen 2010/Jupiter Images, Inc., © Christopher Parypa 2010/Shutterstock, Inc., © Christopher Parypa 2010/Shutterstock, Inc., © Elena Elisseeva 2008/Shutterstock,Inc., , © Kiselev Andrey Valerevich/Shutterstock,Inc., p. 18: © photobank.ch 2008/Shutterstock, Inc., © photobank.ch 2008/Shutterstock, Inc., © Yuri Arcurs 2008/Shutterstock, Inc., © vgstudio 2008/Shutterstock, Inc., © BESTWEB 2008/Shutterstock, Inc., © Kirill Vorobyev 2008/Shutterstock, Inc., © Alexey Nikolaew 2008/Shutterstock, Inc., © fckncg 2008/Shutterstock, Inc., © Hannu Lilvaar 2008/Shutterstock, Inc., © SOMATUSCAN 2010/Shutterstock, Inc., © Denise Kappa 2008/Shutterstock, Inc., © Paul Matthew 2008/Shutterstock, Inc., © Monkey Business Images 2010/Shutterstock, Inc., photoshop document, © Arthur Eugene Preston 2008/Shutterstock, Inc., © Rob Wilson 2008/Shutterstock, Inc., © Kristian Sekulic 2008/Shutterstock, Inc., © Sandy Maya Matzen 2008/Shutterstock, Inc., © Galina Barskaya 2008/Shutterstock,Inc., © Luminis 2008/Shutterstock, Inc. , p. 19: © Nagy-Bagoly Arpad/Shutterstock, Inc., © Yuri Arcurs 2008/Shutterstock, Inc., © Dmitriy Shironosov 2008/Shutterstock,Inc., photoshop document, © Erik Lam 2008/Shutterstock, Inc., © Suponev VladimirMihajlovich 2008/Shutterstock, Inc., © mlorenz 2008/Shutterstock, Inc., © Christopher Parypa 2010/Shutterstock, Inc., , © Andresr 2008/Shutterstock, Inc., © Andresr 2008/Shutterstock, Inc., © vgstudio 2008/Shutterstock, Inc., © Yuri Arcurs 2008/Shutterstock, Inc., © Martina Ebel 2010/Shutterstock, Inc., © Martina Ebel 2010/Shutterstock, Inc., © melkerw 2008/Shutterstock, Inc., p. 20: © SamDCruz 2008/Shutterstock, Inc., , p. 22: © Scott Waldron/Shutterstock, Inc., © 2008 Jupiter Images, Inc., © Andy Lim 2008/Shutterstock, Inc., © 2008 Jupiter Images, Inc., © 2008 Jupiter Images, Inc., © 2008 Jupiter Images, Inc., © 2008 Jupiter Images, Inc., p. 24: © 2008 Jupiter Images, Inc., p. 25: © Nick Stubbs 2008/Shutterstock, Inc., © AND, Inc./Shutterstock, Inc., © Tomasz Pietryszek 2008/Shutterstock, Inc., © Michael Ransburg 2008/Shutterstock, Inc., © Philip Date 2008/Shutterstock, Inc., © Raia 2008/Shutterstock, Inc., p. 26: © Nenad C – tataleka 2010/Shutterstock, Inc., © Steve Luker 2008/Shutterstock, Inc., © MaxFX 2008/Shutterstock, Inc., © Steve Luker 2008/Shutterstock, Inc., © MaxFX 2008/Shutterstock, Inc., ©Bart Everett/Shutterstock, Inc., p. 27: © Laurent Hamels 2008/Shutterstock, Inc., p. 28: © Konstantin Remizov/Shutterstock, Inc., p. 29: © Franco Deriu 2008/Shutterstock, Inc., p. 30: © GinaSanders 2008/Shutterstock, Inc., © Getty Images 2008/Jupiter Images, Inc., © Rafa Irusta 2008/Shutterstock, Inc., © Morgan Lane Photography 2008/Shutterstock, Inc., © Tomasz Trojanowski 2008/Shutterstock, Inc., © Rafa Irusta 2008/Shutterstock, Inc., created by designer, © George Dolgikh 2008/Shutterstock, Inc., © tinatka 2008/Shutterstock, Inc., © David Hyde 2008/Shutterstock, Inc., © Julian Rovagnati 2008/Shutterstock, Inc., © Elena Ray 2008/Shutterstock, Inc., © tinatka 2008/Shutterstock, Inc., © J. Helgason/Shutterstock, Inc., p. 32: © Thinkstock 2008/Comstock, © Phil Date 2008/Shutterstock, Inc., p. 33: © Imageshop.com, © Simone van den Berg 2008/Shutterstock, Inc., © Creatas 2008/Jupiter Images, Inc., p. 34: created by designer, © Mike Flippo 2008/Shutterstock, Inc., p. 35: © Simon Krzic 2008/Shutterstock, Inc., © Edyta Pawlowska 2008/Shutterstock, Inc., © MWProductions 2008/Shutterstock, Inc., © Dusaleev Viatcheslav 2008/Shutterstock, Inc., p. 36: © Andresr 2008/Shutterstock, Inc., © T-Design 2008/Shutterstock,Inc., © Jason Stitt 2008/Shutterstock, Inc., © Aetherial Images 2008/Shutterstock, Inc., , p. 37: © Vibrant Image Studio/Shutterstock, Inc., © iofoto 2008/Shutterstock, Inc., © iofoto 2008/Shutterstock, Inc., © iofoto 2008/Shutterstock, Inc., © Ersler Dmitry 2008/Shutterstock, Inc., © Jeanne Hatch 2008/Shutterstock, Inc., © Jaren Jai Wicklund2008/Shutterstock, Inc., © Adam Borkowski 2008/Shutterstock, Inc., p. 38: © Lisa F. Young/Shutterstock, Inc., © Comstock Images 2008, © Yuri Arcurs/Shutterstock, Inc., , © Comstock Images 2008, © Martin Valigursky 2008/Shutterstock, Inc., © Vibrant Image Studio 2008/Shutterstock, Inc., © Monkey Business Images2008/Shutterstock, Inc., © Denise Kappa 2008/Shutterstock, Inc., © Monkey Business Images2008/Shutterstock, Inc., © Monkey Business Images2008/Shutterstock, Inc., p. 39: © Doctor Kan 2008/Shutterstock, Inc., © Carme Balcells 2008/Shutterstock, Inc., © Sandra Gligorijevic 2008/Shutterstock, Inc., © Kurhan 2008/Shutterstock, Inc., © Simon Krzic 2008/Shutterstock, Inc., © Carme Balcells 2008/Shutterstock, Inc., © Kirill Vorobyev 2008/Shutterstock, Inc., © Allgord 2008/Shutterstock, Inc., © Konstantin Sutyagin 2008/Shutterstock, Inc., © Sandra Gligorijevic 2008/Shutterstock, Inc., © Andriy Goncharenko 2008/Shutterstock, Inc., © Dagmara Ponikiewska 2008/Shutterstock, Inc., © KSR 2008/Shutterstock, Inc., p. 40: © Lisa F. Young/Shutterstock, Inc., © Najin 2008/Shutterstock, Inc., © Elena Ray 2008/Shutterstock, Inc., © Elena Ray 2008/Shutterstock, Inc., p. 41: © Losevsky Pavel/Shutterstock, Inc., © Elena Ray 2008/Shutterstock, Inc., © Vitezslav Halamka 2008/Shutterstock, Inc., © Robyn Mackenzie 2008/Shutterstock, Inc., p. 42: © Jaimie Duplass 2008/Shutterstock, Inc., © Serghei Starus 2008/Shutterstock, Inc., © Philip Date 2008/Shutterstock, Inc., p. 43: © Monkey Business Images 2008/Shutterstock, Inc. © Sandra Gligorijevic 2008/Shutterstock, Inc., © Monkey Business Images 2008/Shutterstock, Inc., © Konstantin Sutyagin 2008/Shutterstock, Inc., p. 44: © Peter Polak 2008/Shutterstock, Inc., © RexRover2008/Shutterstock, Inc., © Valentyn Volkov 2008/Shutterstock, Inc., © imageZebra 2008/Shutterstock, Inc., © Rudchenko Liliia 2008/Shutterstock, Inc., p. 45: © Edyta Pawlowska/Shutterstock, Inc., © Dusan Zidar 2008/Shutterstock, Inc., © Supri Suharjoto 2008/Shutterstock, Inc., © Monkey Business Images 2008/Shutterstock, Inc., © Edw 2008/Shutterstock, Inc., p. 46: © Ana Blazic/Shutterstock, Inc., © Alexander Shalamov 2008/Shutterstock, Inc. BlueOrange Studio 2008/Shutterstock, Inc., © Phil Date 2008/Shutterstock, Inc., © Dragan Trifunovic2008/Shutterstock, Inc., p. 47: © Steve Luker/Shutterstock, Inc., © Andre Nantel 2008/Shutterstock, Inc., p. 48: © Jackie Carvey 2008/Shutterstock,Inc., © Creatas 2008/Comstock, Inc., © sarsmis 2010/Shutterstock,Inc., © Viktor1 2008/Shutterstock, Inc., © Marco Mayer 2010/Shutterstock,Inc., © Liv Friis-Larsen2008/Shutterstock, Inc., © Bochkarev Photography 2008/Shutterstock, Inc., © Sarune Zurbaite 2008/Shutterstock, Inc., © Kheng Guan Toh/Shutterstock, Inc., p. 49: © Rene Jansa/Shutterstock, Inc., © 2008/Comstock, © Rudchenko Liliia 2008/Shutterstock, Inc., © Valentin Mosichev 2008/Shutterstock, Inc., © Olga Lyubkina 2008/Shutterstock, Inc., © Joe Gough 2008/Shutterstock, Inc., © Paul Maguire 2008/Shutterstock, Inc., © Viktor1 2008/Shutterstock, Inc., p. 50: © 2008/Comstock, © Keith Wheatley/Shutterstock, Inc., p. 53: © John R. Smith 2008/Shutterstock, Inc., © John R. Smith 2008/Shutterstock, Inc., p. 54: © Marcel Mooij/Shutterstock, Inc., © Victor Burnside/Shutterstock, Inc., © Ekaterina Starshaya 2008/Shutterstock, Inc., © Zaporozchenko Yury 2008/Shutterstock,Inc., © Ronald van der Beek 2008/Shutterstock, Inc., © Yakobchuk Vasyl 2008/Shutterstock, Inc., p. 55: © Kruchankova Maya/Shutterstock, Inc., © iofoto 2008/Shutterstock, Inc., © pdtnc 2008/Shutterstock, Inc., © Yuri Arcurs 2008/Shutterstock, Inc., © Stas Volik 2008/Shutterstock, Inc., © Getty Images 2008/Jupiter Images, Inc., © Jeff Gynane 2008/Shutterstock, Inc., , p. 56: © Robert Kneschke 2010/Shutterstock, Inc., © Robert Kneschke 2010/Shutterstock, Inc., © Robert Kneschke 2010/Shutterstock, Inc., © Robert Kneschke 2010/Shutterstock, Inc., © dukibu 2010/Shutterstock, Inc., © Kiselev Andrey Valerevich/Shutterstock, Inc., , p. 57: © Val Thoermer 2008/Shutterstock, Inc., © Andresr 2008/Shutterstock, Inc., © Lorraine Swanson2008/Shutterstock, Inc., p. 58: © Ilike/Shutterstock, Inc., © Comstock 2008/Jupiter Images, Inc., © Kiselev Andrey Valrevich 2008/Shutterstock, Inc., © Anton Gvozdikov 2008/Shutterstock, Inc., © Liv Friis-Larsen 2008/Shutterstock, Inc., p. 59: © Anatoliy Samara/Shutterstock, Inc., © Patricia Hofmeester 2008/Shutterstock, Inc., © yuyuangc 2008/Shutterstock, Inc., © Robyn Mackenzie 2008/Shutterstock, Inc., © stocksnapp 2008/Shutterstock, Inc., © Andrew N. Ilyasov 2008/Shutterstock, Inc., © Austra 2008/Shutterstock, Inc., © miskolin 2008/Shutterstock, Inc., © Michael Nguyen 2008/Shutterstock, Inc., p. 61: © children photos 2010/Shutterstock, Inc., © Sergiy Guk 2010/Shutterstock, Inc., © Mircea BEZERGHEANU 2010/Shutterstock, Inc., © Viktor Pryymachuk 2008/Shutterstock,Inc., p. 62: © Carlos E. Santa Maria/Shutterstock,Inc., © Gladskikh Tatiana 2008/Shutterstock, Inc., © istihza 2008/Shutterstock, Inc., © Andrey Armyagov 2008/Shutterstock, Inc., © Karkas 2008/Shutterstock, Inc., © Terekhov Igor 2008/Shutterstock, Inc., © Terekhov Igor 2008/Shutterstock, Inc., © Terekhov Igor 2008/Shutterstock, Inc., © Karkas 2008/Shutterstock, Inc., © Karkas 2008/Shutterstock, Inc., © istihza 2008/Shutterstock, Inc., p. 63: © Andrey Armyagov/Shutterstock, Inc., © Janos Gehring 2008/Shutterstock, Inc., p. 64: © Kurhan 2008/Shutterstock, Inc., © Losevsky Pavel 2008/Shutterstock, Inc., © Yuri Arcurs 2008/Shutterstock, Inc., © Andresr 2008/Shutterstock, Inc., © Apollofoto 2008/Shutterstock, Inc., © Péter Gudella 2008/Shutterstock, Inc., © Andrew Lewis 2008/Shutterstock, Inc., © istihza 2008/Shutterstock, Inc., © R. Gino Santa Maria 2008/

Créditos das fotos

Shutterstock, Inc., © Eleonora Kolomiyets 2008/Shutterstock, Inc., , © maxstockphoto 2008/Shutterstock, Inc., p. 65: © Chin Kit Sen/Shutterstock, Inc., p. 66: © Dmitriy Shironosov 2008/Shutterstock,Inc., © ravl 2008/Shutterstock, Inc., p. 67: © Stanislav Mikhalev/Shutterstock, Inc., © Ali Ender Birer 2008/Shutterstock, Inc., © stocksnapp 2008/Shutterstock, Inc., © Olga&Elnur 2008/Shutterstock, Inc., © GoodMoodPhoto 2008/Shutterstock, Inc., p. 68: © Pazol/Shutterstock, Inc., © Jill Battaglia 2008/Shutterstock, Inc., © Andresr 2008/Shutterstock, Inc., © Tomasz Trojanowski 2008/Shutterstock, Inc., p. 69: ©Jason Stitt/Shutterstock, Inc., © Dino O. 2008/Shutterstock, Inc., © PhotoNAN 2008/Shutterstock, Inc., © Mike Flippo 2008/Shutterstock, Inc., © Andrejs Pidjass 2008/Shutterstock, Inc., p. 70: © Vasina Natalia 2008/Shutterstock, Inc., © Eleonora Kolomiyets 2008/Shutterstock, Inc., © Alexandr Makarov 2010/Shutterstock, Inc., © Karkas 2008/Shutterstock, Inc., © Dario Sabljak 2008/Shutterstock, Inc., © Serg64 2008/Shutterstock, Inc., © Baloncici 2008/Shutterstock, Inc., © ultimathule 2008/Shutterstock,Inc., © Waxen 2008/Shutterstock,Inc., © Vasina Natalia 2008/Shutterstock, Inc., © Stephen Bonk 2008/Shutterstock, Inc., © ravl 2008/Shutterstock, Inc., © LoopAll 2008/Shutterstock, Inc., © maxstockphoto 2008/Shutterstock, Inc., p. 71: © Factoria singular fotografia 2008/Shutterstock, Inc., © Marafona 2008/Shutterstock, Inc., © Junial Enterprises2008/Shutterstock, Inc., © Kristian Sekulic 2008/Shutterstock, Inc., p. 72: © 2008 Clipart, Inc., © 2008 Clipart, Inc., © 2008 Clipart, Inc., © 2008 Clipart, Inc., © 2008 Clipart, Inc., © 2008 Clipart, Inc., © 2008 Clipart, Inc., © 2008 Clipart, Inc., © 2008 Clipart, Inc., created by designer, created by designer, p. 73: © Diego Cervo/Shutterstock, Inc., © Vibrant Image Studio2008/Shutterstock, Inc., © Mikael Damkier 2008/Shutterstock, Inc., © Blaz Kure/Shutterstock, Inc., © Factoria singular fotografia 2008/Shutterstock, Inc., p. 74: © prism_68/Shutterstock, Inc., p. 75: © Yuri Arcurs/Shutterstock, Inc., p. 76: © Andresr/Shutterstock, Inc., © LesPalenik/Shutterstock, Inc., © Eduard Stelmakh 2008/Shutterstock, Inc., © Darryl Brooks 2008/Shutterstock, Inc., © Danny Smythe 2008/Shutterstock, Inc., © Rob Wilson 2008/Shutterstock, Inc., © kozvic49/Shutterstock, Inc., © vm 2008/Shutterstock, Inc., p. 77: © Robert Paul van Beets/Shutterstock, Inc., © Hu Xiao Fang/Shutterstock, Inc., p. 78: © Simone van den Berg/Shutterstock, Inc., p. 80: © StockLite 2008/Shutterstock, Inc., p. 81: © Comstock Images 2008/Jupiter Images, Inc., © Creatas Images 2008/Jupiter Images, Inc., © Comstock Images 2008/Jupiter Images, Inc., p. 82: © Janos Gehring/Shutterstock, Inc., © Comstock 2008/Jupiter Images, Inc., © Monkey BusinessImages 2008/Shutterstock, Inc., © Pedro Nogueira 2008/Shutterstock, Inc., © Comstock Images 2008/Jupiter Images, Inc., © Laser222 2008/Shutterstock, Inc., © netbritish 2008/Shutterstock, Inc., © Tatiana Popova 2008/Shutterstock, Inc., p. 84: © khz 2008/Shutterstock, Inc., p. 85: © Comstock Images 2008/Jupiter Images, Inc., © Rob Byron 2008/Shutterstock, Inc., p. 86: © Comstock Images 2008, p. 87: © Luis Louro 2010/Shutterstock, Inc., p. 89: © Kristian Sekulic/Shutterstock, Inc., © Tyler Olson/Shutterstock, Inc., p. 90: © Ingvald Kadlhussater/Shutterstock, Inc., © Sklep Spozywczy 2008/Shutterstock, Inc., © Kaulitz 2008/Shutterstock, Inc., © Phase4Photography 2008/Shutterstock, Inc., © Henrik Winther Andersen 2008/Shutterstock, Inc., © Semjonow Juri 2008/Shutterstock, Inc., p. 91: © Comstock Images 2008, p. 92: © Howard Sandler/Shutterstock, Inc., © Losevsky Pavel/Shutterstock, Inc., © Matka Wariatka 2008/Shutterstock, Inc., © Thinkstock 2008/Comstock, p. 93: © Bill Lawson 2008/Shutterstock, Inc., © Darren Baker 2008/Shutterstock, Inc., © Elena Schweitzer 2008/Shutterstock, Inc., p. 94: © Noah Galen/Shutterstock, Inc., © Yuri Arcurs 2008/Shutterstock, Inc., © Hemera Technologies/Getty Images 2008/Jupiter Images, Inc., © Clara Natoli 2008/Shutterstock, Inc., © Thinkstock 2008/Comstock, © Alexandru 2008/Shutterstock, Inc., © Martin Czamanske/Shutterstock, Inc., p. 95: © Nadezhda Bolotina/Shutterstock, Inc., p. 96: © StockLite 2008/Shutterstock, Inc., © Orange Line Media 2008/Shutterstock, Inc., © Carlos E. Santa Maria/Shutterstock,Inc., © Factoria singular fotografia 2008/Shutterstock, Inc., p. 97: © Jon Le-Bon 2008/Shutterstock, Inc., © Yuri Arcurs 2008/Shutterstock, Inc., © Orange Line Media 2008/Shutterstock, Inc. , © kotik1 2008/Shutterstock, Inc., © Denis Babenko/Shutterstock, Inc., p. 98: © adv/Shutterstock, Inc., © Comstock 2008/Jupiter Images, Inc., © dragon_fang/Shutterstock, Inc., © Stefan Glebowski2008/Shutterstock, Inc., © Gareth Leung 2008/Shutterstock, Inc., p. 99: © Stanislav Mikhalev/Shutterstock, Inc., © Lee Torrens 2008/Shutterstock, Inc., © Comstock 2008/Jupiter Images, Inc., © Comstock 2008/Jupiter Images, Inc., © Val Thoermer 2008/Shutterstock, Inc., p. 100: © Andresr/Shutterstock, Inc., © Comstock Images 2008, © Multiart 2008/Shutterstock, Inc., © Kristian Sekulic 2008/Shutterstock, Inc., © aceshot1 2008/Shutterstock, Inc., © Yuri Arcurs 2008/Shutterstock, Inc., p. 101: © iofoto 2008/Shutterstock, Inc., © Noam Armonn 2010/Shutterstock, Inc., © nikkytok 2010/Shutterstock, Inc., © Dragan Trifunovic 2008/Shutterstock, Inc., p. 102: © Photos by ryasick/Shutterstock, Inc., © Diana Lundin/Shutterstock, Inc., © Charles Shapiro/Shutterstock, Inc., p. 103: © Lisa F. Young/Shutterstock, Inc., © Aleksandar Todorovic 2008/Shutterstock, Inc., © Diana Lundin 2008/Shutterstock, Inc., © Comstock 2008/Jupiter Images, Inc., © Jaimie Duplass 2008/Shutterstock, Inc., p. 104: © Paul B. Moore/Shutterstock, Inc., © Creatas Images/Getty Images 2008/Comstock/Jupiter Images, Inc., © Monkey Business Images 2008/Shutterstock, Inc., © Creatas Images 2008/Comstock/Jupiter Images, Inc., © Creatas Images 2008/Comstock/Jupiter Images, Inc., p. 105: © vgstudio/Shutterstock, Inc., p. 106: © empipe 2008/Shutterstock, Inc., © Denis Pepin 2008/Shutterstock,Inc., © Anna Jurkovska 2008/Shutterstock, Inc., © Morgan Lane Photography 2008/Shutterstock, Inc., © Creatas Images 2008/Comstock/Jupiter Images, Inc., © Svemir 2008/Shutterstock, Inc., p. 109: © miskolin 2008/Shutterstock, Inc., © Austra 2008/Shutterstock, Inc., © Michael Nguyen 2008/Shutterstock, Inc., © Andrew N. Ilyasov 2008/Shutterstock, Inc.,